Roger Nastoll · Wanderimpressionen aus Nordthüringen

Roger Nastoll

Wanderimpressionen aus Nordthüringen, einem Freunde mitgeteilt in Briefen

Greifenverlag zu Rudolstadt

3. Auflage 1988
Lizenz-Nr. 384-220/24/88
LSV 7002
Schutzumschlag und Einband: Inge Wolfram
Printed in the German Democratic Republic
Lithographien: Offizin Andersen Nexö, Leipzig
Lichtsatz: Interdruck Graphischer Großbetrieb Leipzig – III/18/97
Druck und Bindearbeit: Karl-Marx-Werk Pößneck V 15/30
Gesetzt aus der Garamond-Antiqua

ISBN 3-7352-0083-4

00700

Mühlhausen, 29. 6. 1977

Bester Freund, lieber R.!

Ich erinnere mich noch recht gut Deiner Worte, als ich Dir von meinem Vorhaben sprach, eine Fußwanderung durch Nordthüringen zu unternehmen, und auch Dein Gesicht sehe ich noch vor mir, wie Du zu mir sagtest: „Ich hege zwar keinen Zweifel an Deiner Kondition zu Fuß, kann mich aber trotz aller Freundschaft gewisser Bedenken nicht erwehren, ob Du noch ganz bei Troste bist – oder ist es Dir nicht klar, daß Du im Zeitalter der benzinfressenden Zwei- und Mehrräder mit Deinem Vorhaben, per pedes durch die Lande zu vagabundieren, eine regelrechte Provokation planst? Eine Provokation gegen Deine Zeitgenossen, die sich eifrig und mit wachsendem Erfolg mühen, wie viele andere Begriffe, so auch den des *Wanderns* mit modernen, entromantisierten Inhalten zu versehen. Du lebst hinter dem Mond, mein Lieber; Massentourismus heißt heute allsommerlich die Parole! Und da willst Du mit Rucksack, Hut und Wanderstock querfeldein von Dorf zu Dorf ziehen, nur Deiner Lust und Laune verpflichtet? Sancta simplicitas!"

Zugegeben, Deine Rede hatte mich damals einigermaßen verunsichert, und ich erwog tatsächlich, mein Vorhaben den Gepflogenheiten der Gegenwart anzupassen. Schließlich aber siegten doch die Abenteuerlust und der Stolz, denn wer möchte nicht gerne beweisen, daß er willens und fähig ist, was er sich vornahm, auch auszuführen? So befinde ich mich denn seit gestern in Mühlhausen. Einen kleinen Kompromiß habe ich dennoch gemacht: Bis hierher bin ich nämlich mit dem Auto gefahren – für diese Inkonsequenz jedoch auch umgehend bestraft worden. Hinter Bad Langensalza verlor mein Auto das lebenswichtige Kühlwasser. Glücklicherweise bemerkte ich den Verlust gerade in der Nähe einer Tankstelle, wo ich den Schaden unter Anleitung eines sehr netten Tankwarts notdürftig beheben konnte, was jedoch bei 35 Grad Außentemperatur und einem glühendheißen Motor ein doppelt unangenehmes Geschäft war. Du siehst also, was mir Deine Skepsis hinsichtlich des Wanderns zunächst eingebracht hat – zu Fuß wäre mir das jedenfalls nicht passiert!

Es war früher Nachmittag, als ich das Ortseingangsschild von Mühlhausen passierte und von einer großen Schrifttafel am Straßenrand in der „Thomas-Müntzer-Stadt" willkommen geheißen wurde. Die Stadt liegt, wenn man von Südosten kommt, in einer leichten Senke, und des Fremden Aufmerksamkeit wird zuerst von den vielen Kirchtürmen in Anspruch genommen, zwischen denen sich der dunstige Himmel gleichsam wie ein Zirkuszelt über die Stadt spannt. Ich gelangte recht schnell in die Innenstadt, parkte das Auto in einer unbelebten Seitenstraße und machte mich auf, mein Quartier zu suchen. Eine Annonce, die ich vor einigen Wochen hier veröffentlichen ließ, hatte mir zwei Zuschriften eingebracht. Bei Frau M. war ich zunächst erfolglos – das Haus, nahe dem Bahnhof, fand ich zwar, nicht aber die Vermieterin. Die sei nicht da, sagte ein alter Mann, der im Parterre aus dem Fenster sah, gab mir aber, offenbar gerührt vom Schweiß auf meiner Stirn, eine Adresse, unter der ich Frau M. würde finden können. Das war aber wahrscheinlich nur eine Vermutung von dem Alten, denn ich traf die Zimmerwirtin auch dort nicht an. Solltest Du jetzt frotzeln: „Na bitte! bei einer Urlaubsfahrt mit dem Reisebüro wärest du vor solchen Pannen sicher gewesen", so wäre das verfrüht, mein Lieber, denn ich hatte ja noch die zweite Adresse. Jene wollte ich aber eigentlich nur im äußersten Notfall nützen, denn die Dame, die dort zu erreichen sein würde, hatte meine schlichte Quartiersuchannonce augenscheinlich als verschlüsseltes Heiratsangebot resp. -gesuch begriffen. Da sich aber besagter Notfall nunmehr einzustellen drohte, ging ich doch mal hin, um selbst zu sehen, was sich im Brief da so eigenartig darstellte. Das heißt, ich wollte hingehen, als mir auf dem Weg einfiel, daß sie mir auch geschrieben hatte, sie sei Verkäuferin und deshalb vor 19.00 Uhr nicht zu erreichen. Ich konnte also die verbleibende Zeit nutzen, meinen knurrenden Magen zu beruhigen, zu welchem Zweck ich mich in eine Gaststätte begab, „Goldener Stern" geheißen und nur wenige Schritte abseits gelegen von Mühlhausens wichtigster Ladenstraße, dem Steinweg. Die Gaststätte war in angenehmer Weise unterfüllt – dennoch hatte ich schon nach einer Viertelstunde Gesellschaft an meinem Tisch, was mir, da ich soeben in der „Weltbühne" zu lesen begonnen, nicht eigentlich zupaß kam. Schilt mich nicht der Arroganz, mein Freund, ich wollte nur in Ruhe lesen und ein Bier dazu trinken, und eben das würde ich nun nicht mehr können, da, wie ich sah, der maskuline Teil des Paares, das sich zu mir gesetzt hatte, schon in erheblichem Maße angetrunken war und nicht gerade ein angenehmer Tischnachbar zu sein vermuten ließ. So wurde ich auch sehr bald von ihm angesprochen, wobei er meine Lektüre natürlich völlig ignorierte. Zunächst teilte er mir mit, daß es immer noch sehr heiß sei und er mir deshalb empfehle, meinen Bart abzunehmen; auch sähe ich damit aus wie Barbarossa. Da ihm dieser Witz besser gefallen hatte als mir, vermeinte er mich schulterklopfend aufheitern zu müssen, wobei er allerdings mein Glas umwarf, dessen halber Liter Inhalt sich über meine ohnehin schon durchschwitzten Hosenbeine ergoß – wie Du siehst, waren meine Ahnungen keineswegs zu düster. Nun gut, ich floh erst einmal auf die Toilette, wo ich meiner Wut mit entsprechenden Schimpf- und Schandeworten freien Lauf ließ, und hätte das Lokal hernach sicherlich schnurstracks verlassen, wenn ich nicht schon etwas zu essen bestellt gehabt, worauf, meines mehrstündigen Fastens eingedenk, ich denn doch nicht verzichten wollte – im übrigen konnte ich mich jetzt ja auch an einen anderen Tisch setzen. Dies war aber nicht mehr nötig, denn ich sah, als ich den Gastraum wieder betrat, daß mein Ruhestörer und seine Partnerin sich ihrerseits an einen anderen Tisch verfügt hatten, wohl weniger der von mir zu erwartenden Philippika wegen als aus Gründen der Langeweile, die sich ihrer während meiner Abwesenheit bemächtigt haben mochte. An jenem Tisch, den sie jetzt belegt hatten, waren sie jedenfalls bereits wieder mit zwei kolatrinkenden Jugendlichen in angeregtem Gespräch begriffen. Und dann, als mein Ärger verraucht war und meine Hose allmählich zu trocknen begann, stell Dir vor, da tat es mir beinahe leid, daß sie nicht mehr an meinem Tisch saßen. Ich kaute mein Essen und überlegte, ob mir möglicherweise eine interessante Geschichte entgangen war. Ich war gewiß nicht in diese Gaststätte gekommen, um soziologische Studien zu treiben, und dennoch fragte ich mich: Warum eigentlich war dieser Mann schon am Nachmittag betrunken – überdies mitten in der Woche? Wollte er einen schlimmen Ärger vergessen, ein Leid im Alkohol ersäufen oder einen Glücksumstand feiern, die Freude darüber potenzieren? Ich dachte, ob ich einfach hingehen und ihn fragen sollte, etwa so: „War ja nicht so schlimm mit dem Bier vorhin, aber sag mal, warum säufst du eigentlich?" Aber wer tut so etwas schon, geht zu einem wildfremden Menschen und sagt: „Erzähl mir etwas von dir! Erzähl mir von deinen Sorgen oder, wenn du keine hast, laß mich an deinen Freuden teilhaben!" Ist es nur Überwindung der eigenen (vielleicht typisch deutschen) Mentalität der kühlen Distanz, die es zu einem solchen Schritt braucht, oder nicht vielmehr Mut? Mut, sich auslachen oder als ungebetener Eindringling in ein fremdes Gemüt sich davonjagen zu lassen. Mut aber auch zu der möglichen Konsequenz, an einem fremden Schicksal teilnehmen zu müssen. Vielleicht wirst

Du sagen: „Niemand verlangt solches Handeln von dir, warum also zerbrichst du dir den Kopf darüber?“ Verlangt das wirklich niemand, mein Freund? Vielleicht fügst Du gar noch hinzu: „Es ist alles in der Ordnung so, du hast dich, wie die meisten deiner Zeitgenossen, an die bequeme Methode gewöhnt, deine Mitmenschen aus sicherer Distanz nach ihren äußeren Erscheinungsformen zu beurteilen, um hinterher allerhand gewagte, nur selten tatsächlich zutreffende Schlüsse auf ihr Wesen, ihren Charakter zu ziehen. Sicher, das ist vermessen, aber es wird doch allenthalben so geübt.“ Mir wird unbehaglich bei dem Gedanken, daß Du recht haben könntest. Haben wir es verlernt, vorurteilsfrei und unbefangen gegen unseresgleichen zu sein? Oder haben wir es nie gekonnt, müssen wir es erst lernen? Warum ich Dich das frage? Weil ich eben nicht aufstand und zu dem Fremden ging, der mich zwar belästigt hatte, vielleicht aber doch ein Gespräch suchte. Weil ich statt dessen sitzenblieb und dachte: Vielleicht hat er Geburtstag oder ist beim Wohnungsamt zum x-ten Mal vertröstet worden. Vielleicht ist er mit seiner schweigsamen Begleiterin verheiratet; diese konnte krank sein und er schon seit Jahren nicht mehr mit ihr schlafen. Vielleicht ist er Aktivist geworden und schämt sich dessen, weil er den Film „Die Prämie“ gesehen hat. Vielleicht war er auch einfach nur ein Trinker, einer, den das Leben überrollt hat. Wer weiß.

Am Abend traf ich dann jene Frau, die mir auf eine diesbezügliche Anfrage geschrieben hatte: „Sie brauchen mir das Zimmer nicht zu bezahlen, ich will Ihnen nur ein paar Tage helfen, denn Platz habe ich genug ...“ Dies schien mir zwar eigenartig, aber es kam noch deutlicher (oder verwirrender?): „... vielleicht können Sie, bevor Sie kommen, mir noch ein Foto von sich schicken, da können wir uns schon ein bißchen kennenlernen ... anbei auch ein Foto von uns, ein Sohn fehlt auf dem Bild ...“ (zwei waren drauf). Na schön, vielleicht sind die Mühlhäuser ein besonders freundlicher Menschenschlag, der seinen Gästen durch Familienanschluß den Aufenthalt in seiner Stadt so angenehm und bequem wie nur irgend möglich machen will, ich würde ja sehen. Was ich dann sah, ging jedoch eher in eine etwas andere Richtung. Die Frau, die mir ihr Foto geschickt hatte, mochte nicht weit über die Dreißig sein, und als sie mir öffnete, standen drei kleine Jungen hinter ihr, die den fremden Mann neugierig musterten. Sie war klein und im Begriffe rundlich zu werden, und sie trug nur eine Kittelschürze über der Unterwäsche, was darauf deutete, daß sie wohl eben von der Arbeit gekommen und damit beschäftigt war, ihren Haushalt zu versorgen. Dies sagte sie mir auch gleich nach der Begrüßung und bat mich aus jenem Grunde, herumliegendes Spielzeug und Kinderschuhe zu entschuldigen. Sie wolle rasch aufräumen und eines ihrer Kinderzimmer für mich herrichten; solange solle ich bitte in der Stube Platz nehmen. Während ich dort saß und die Einrichtung betrachtete, die nicht eben geschmacklos, aber von allerlei Nippes und kitschigem Beiwerk überladen war, hörte ich auf dem Flur und im Nachbarzimmer die Kinder kichern und fragen, wer der Onkel sei, und ob er bleibe. Die Frau hatte sie wohl nicht darauf vorbereitet, daß sie für einige Tage einen Gast haben würden. Nach kurzer Zeit kam die Frau ins Wohnzimmer, sagte mir, daß mein Bett vorbereitet sei, und fragte, ob ich mit zu Abend essen wolle. Ich lehnte mit Dank ab, da ich vorhätte, noch einen Abendspaziergang zu machen, in dessen Verlauf ich unterwegs auch einzukehren und einen Imbiß zu nehmen gedächte. Auch wollte ich sehen, ob eine Reparaturwerkstatt in der Nähe sei, in die ich am nächsten Morgen mein Auto bringen könnte. Da könnte sie mir helfen, sagte sie, in der Nachbarschaft sei eine Werkstatt, und wenn ich warten wollte, bis sie die Kinder zu Bett gebracht hätte, würde sie mich gerne hinführen. Nun gut, das war immerhin sehr freundlich, trotzdem fühlte ich mich nicht wohl bei der Sache; die Frau war mir zu direkt. (Ist Dir die Verbindung zu den Fragen, die ich oben stellte, aufgefallen, mein Freund? Sicherlich gibt es sie.) Ich wartete dennoch, und nach einer halben Stunde verließ ich mit der Frau die Wohnung. Auf dem Weg zum Gartentor konnte ich sehen, wie die Söhne neugierig hinter der Gardine lugten – was mochten sie wohl denken und sich erzählen über ihre Mutter und den fremden Mann? Vielleicht standen sie häufig so hinter dem Fenster und fragten einander: „Ob denn der morgen auch noch da ist?" (Vorurteil?) Der Gedanke war mir peinlich. Was mich beim Erhalt ihres Briefes mit dem Foto noch amüsiert hatte, verursachte mir jetzt, da sie sich nach wenigen Schritten auf der Straße ungeniert bei mir unterhakte, das unangenehme Gefühl, falsch eingeschätzt und ziemlich dreist „an Land gezogen" zu werden. Dennoch wehrte ich mich eher höflich und behutsam gegen ihre Aufdringlichkeit, denn ich vermeinte die Frau, obwohl sie sich mir keineswegs erklärt hatte (jedenfalls nicht mit Worten), zu verstehen, und ich empfand ihre Annäherungsversuche nicht als ordinär, wohl aber als plump, geboren aus der Verzweiflung einer mit drei Kindern sitzengelassenen Frau, die sich nicht damit abfinden will, ohne Mann zu bleiben. Ich versuchte nun, uns möglichst rasch aus dieser für sie noch mehr als mich fatalen Situation herauszubringen und der Frau die Sinnlosigkeit ihrer Bemühungen von vornherein klarzumachen. Ich erzählte von meiner Frau und meinen Kindern. Nach einer Weile ließ sie meinen Arm und ging schweigend neben mir unter den kurzgeschorenen Linden, von deren Blättern das kalte Licht der Peitschenlampen grau reflektiert wurde. Dann sagte sie: „Dort vorn ist die Reparaturwerkstatt, Sie werden sie morgen leicht finden. Ich gehe jetzt wieder nach Hause; wenn Sie noch einkehren wollen, in der zweiten Querstraße rechts ist eine hübsche kleine Gaststätte.“ Sie hatte mich angesehen, als sie sprach, nicht traurig, aber doch enttäuscht, und in ihrer Stimme klang etwas Verbitterung mit über ihr Ungeschick und etwas Vorwurf über meine Ablehnung und wohl auch etwas Vorwurf gegen die Welt.

Ich suchte jene Gaststätte noch auf, aß und trank etwas, blieb aber nicht lange. Als ich zurück in die Wohnung kam, war alles ruhig. Ich legte mich zu Bett, konnte aber nicht sogleich einschlafen, daran gehindert von allerlei Gedanken, die in meinem Kopf zu keiner rechten Ordnung kommen wollten. Was machen junge Mütter, die von ihren Männern verlassen wurden? Manche gehen zurück ins Elternhaus, wo sie sich vielleicht für den Rest ihres Lebens anhören müssen: „Das haben wir gleich gewußt, aber du wolltest ja nicht auf uns hören.“ Viele bitten eine Zeitung, sie möge etwa folgendes für sie drucken: „Jg. Frau, Anf. 30, gesch., s. n. gr. Enttäusch. symp. Partner für sich und f. ihre Kinder lb. Vati und guten Kameraden. Bildzuschrift gar. zur. an ...“ Wieder andere versuchen es auf Tanzböden, die meisten aber sitzen am Abend, wenn die Kinder zu Bett gebracht und die Ranzen gepackt sind, in der einsamen Wohnung, stopfen Wäsche oder sehen fern – und sicherlich weinen sie oft. Eine aber liest eines Tages in der Zeitung eine Annonce, nach der ein junger Mann für einige Tage Quartier in ihrer Stadt sucht, und sie denkt sich: Platz genug hätte ich eigentlich, soll ich mich melden? Vielleicht ist das so ein einsamer Typ, der in der Welt umherirrt, mal hier und mal da, und den man, wenn man es ihm ein bißchen gemütlich macht und nur recht forsch rangeht, leicht einfangen kann. Und die Frau nimmt rosarotes Papier und schreibt dem Mann einen netten Brief, und damit er auch gleich wisse, mit wem er es zu tun habe, legt sie noch ein Foto von sich und ihren Kindern bei. Und da sie eine ehrliche Haut und von heiterster Einfalt ist, und da auch Torschlußängste sie immer häufiger bedrängen, denkt sie nicht im mindesten daran, daß der Adressat eventuell befremdet sein könnte über ihr Angebot. Ein unbeschwerter Autor könnte daraus sicherlich eine ulkige Komödie für das Fernsehen schreiben, die dann an irgendeinem Sonntagabend gesendet würde, um die Gemüter des Volkes zu erheitern, auf daß es am nächsten Morgen mit Elan in die neue Arbeitswoche gehe. Mir aber war gar nicht heiter zumute, und ich überlegte, ob ich nicht besser in das andere Quartier ziehen sollte. So könnte ich wenigstens den Jungen der Frau eine Enttäuschung ersparen, denn denen, das hatte ich am Abend gespürt, war der neue Onkel durchaus sympathisch, schon, weil er mit dem Auto gekommen war. Ich sann nach einer glaubwürdigen Ausrede, und mir fiel ein, daß es in der Nähe von Mühlhausen eine Vertragswerkstatt für meinen Kfz-Typ gab. Am Morgen, die Familie war bereits aus dem Haus, schrieb ich einen kurzen Brief an die Frau, bedankte mich für ihre Gastfreundschaft und bat wohl mehr schlecht als recht um Verständnis für meine plötzliche Abreise. Du fragst, warum ich nicht geblieben bin, mein Freund? Warum ich nicht versucht habe, die Geschichte der Frau zu erfahren? Nun, es ist wohl das gleiche Problem, das ich auch schon in der Gaststätte hatte, als mich der Betrunkene ansprach. Irgendwo habe ich möglicherweise ein Defizit, von dem ich nur hoffen kann, daß es nicht symptomatisch ist.

Kurzum, ich verließ die Stätte jener eigenartigen Begegnung und fuhr stadteinwärts, mein Glück neuerlich bei Frau M., der Dame mit der Sütterlinschrift und der angenehmen Telefonstimme, zu versuchen. Diesmal hatte ich Erfolg. Auf mein Klingeln öffnete eine kleine alte Dame und überfiel mich, kaum daß ich mich vorgestellt hatte, mit dem Vorwurf, warum ich mich denn in Gottes Namen nicht wie verabredet schon am Vorabend gemeldet hätte; um meinetwillen sei sie bis Mitternacht aufgeblieben, was bei ihrem

Alter durchaus eine Seltenheit sei. Ich versuchte ihr die Mißlichkeiten des Vortages zu erklären, ward aber kaum gehört, da sie sich sofort in einem Zornesausbruch gegen den unter ihr wohnenden Alten erging, der mir gestern abend offenbar falsch Auskunft gegeben hatte. Aber nun sei ich ja da, und so sei es auch gut. Da sie zur Zeit die Maler habe, müsse ich mit einer Interimsunterkunft vorlieb nehmen. In dem Zimmer stehe ein Flügel, vermittels dessen sie nachmittags Klavierunterricht erteile; doch dies würde mich, wie sie meine, kaum stören, da ja spätes und vom Gotte volles Heimkehren für Schriftsteller typisch sei (woher sie diese Gewißheit nahm, ist mir allerdings ein Rätsel); ergo sei jenes Zimmer für mich eben das Rechte, zumal sie dort auch ihre Bücher aufbewahre. Nun kann ich bei Dir als bibliophilem Leidensgenossen innigstes Verständnis sicherlich voraussetzen, wenn ich Dir sage, daß mich die letzte Bemerkung der Frau M. sofort hellhörig machte, derart, daß ich zunächst auch jegliches andere Inventar übersah, zugunsten der Bücherreihen links vom Eintritt in das dunkel-museale Interieur. Leider kam ich nicht sogleich dazu, jene Regale mit meinen Blicken nach etwaigen Kostbarkeiten abzutasten, denn Frau M. erbat meine Aufmerksamkeit für eine Erklärung und Benutzungsanleitung meiner Schlafstelle. Jenes Möbel also, dabei zeigte sie auf einen vierfach geschichteten Federbettenberg mit Beinen, sei, wie ich möglicherweise schon gemerkt hätte, kein Bett im üblichen Sinne, sondern ein dazu umfunktioniertes Sofa, worauf ich aber besser schlafen würde als in einem sogenannten Normalbett – hierfür verbürge sie sich mit langjähriger Erfahrung. Ich versicherte der Alten, daß es mir fernläge, dies zu bezweifeln, ich gewisse Bedenken, was die Anwendbarkeit ihrer Erfahrungen auf mich beträfe, aber dennoch anzuzeigen gedächte, da, wie augenscheinlich sei, ich sie an Körpergröße doch beträchtlich überrage. Auch daran sei gedacht, sagte sie – und mir war, als hätte sich ihre Stimme triumphierend um eine Nuance gehoben –, denn deshalb lägen dort vier Federbetten, statt sonst nur einem. Zum Zudecken solle ich nur das obere nehmen, die anderen drei würden dann in wohliger Weichheit das Tal zwischen den Schlummerrollen an Kopf- und Fußende des Sofas ausfüllen, womit die meinem Wuchse entsprechende Bettlänge hergestellt sei.

Dieser Punkt meines Berichtes, lieber R., scheint mir gut zum Einschieben einer Pause geeignet, insonderheit ich Dir dann gleich zu Anfang der nächsten Folge mitteilen kann, in welchem Verhältnis Theorie und Praxis des Frau M.schen Bettenbaues stehen. Dies zu ergründen begebe ich mich nun zur Ruhe und verbleibe Dir mit den freundlichsten Grüßen!

N.

Mühlhausen, 30. 6. 77

Obwohl, lieber Freund, seit meinem Aufstehen bereits wieder zwölf Stunden vergangen sind, will ich dennoch, weil gestern so in Aussicht gestellt, zunächst berichten, wie mir die erste Nacht auf Frau M.s modifiziertem Sofa bekam. Zuvörderst: Bei der Hitze, von der Europa nun schon seit Wochen gedörrt wird, läßt sich wohl auch in einem Himmelbett nicht ruhig schlafen. Davon abgesehen kann ich aber meiner Wirtin nur zustimmen; die dreifache Federbettenunterlage verschaffte mir ein überaus angenehmes Schwebegefühl – so, als läge ich in einem großen Heuhaufen oder in einer Kumuluswolke (falls Du mir diesen wissenschaftlich unhaltbaren Vergleich gestattest). Und sicher hatte dieses Wohlgefühl einen Anteil an der Entstehung folgenden Traumes: Ich sah mich durch eine Hügellandschaft wandern, einem Berg entgegen, der fern am Horizont in blauen Dunst gehüllt war und an Größe und Mächtigkeit alles Land überragte. Wenn ich rastete, überkam es mich zuweilen, daß mir der Ort gut gefiel und behaglich war, und ich wollte meine Wanderung abbrechen, um für immer da zu bleiben. Doch jedesmal, wenn ich es mir bequem machen wollte, kam ein Mensch, immer ein anderer, mal Mann, mal Frau, und sagte: Geh weiter, der Berg ist nicht mehr fern! So kam ich schließlich an den Fuß des großen Berges und begann den Aufstieg. Der Hang war eine einzige große Wiese, nur hier und da standen einzelne alte Bäume und buschige Gruppen niedrigen Gehölzes. Viele Pfade führten den Berg hinan, ausgetretene und einzelne, selten benutzte. Diese gingen zumeist steil zur Höhe, während die andern in Spiralen um den Berg liefen. Ich fühlte mich frisch und kletterte geradewegs, und ich sah, daß rechts und links von mir Menschen den Berg wieder herunterkamen. Sie machten mürrische Gesichter, auch glaubte ich Enttäuschung daraus zu lesen. Endlich war ich oben, und ich hatte mir Hände und Füße zerschunden, denn unterhalb des Gipfels war der Hang steinig und mit dichtem Unterholz bewachsen. Ich sah, daß meine Haut an vielen Stellen zerkratzt war, spürte aber keine Schmerzen. Um zu verschnaufen, setzte ich mich auf einen Stein, und mich berührte jemand an der Schulter. Ich sah mich um, ein Mensch stand hinter mir, von dem ich nicht mehr sagen kann, ob es eine Frau oder ein Mann war, nur daß er eigenartig aussah, ist mir noch erinnerlich. Er hatte einen blauen Mantel an, in dessen Stoff eine Unzahl Fragezeichen von verschiedener Größe eingewebt waren. „Was willst du hier oben?“ fragte er mich. „Ich will schauen, in der Ebene ist der Blick so begrenzt“, antwortete ich. „Gut“, sagte er, „schau, und sage mir hernach, was du gesehen hast.“ Damit verschwand er hinter einem Felsblock. Ich ging also um den Berg herum und sah von allen Seiten weit ins Land und sah auch, was sich in der Ebene und auf den

Nachbarbergen zutrug. Nach wiederholtem Rundgang kam der Mensch wieder zu mir und fragte: „Nun, was hast du gesehen? Aber gedenke derer, die du vorhin wieder hinuntersteigen sahest – verschweige mir nichts!" Ich bedachte seine Worte, um nicht durch vorschnelles Antworten einen Fehler zu begehen, doch dies fiel schon zusammen mit dem Moment, da ich die Augen öffnete und mir des Erlebten als Traum bewußt wurde.

Verzeih mir, lieber R., diese kleine Abschweifung in mein nächtliches Innenleben, aber wie Du weißt, kann ich mich zuweilen nicht entblöden, in einem kindlichen Aberglauben althergebrachten Sprüchen Bedeutung für mich beizumessen. Und just heute morgen eben erinnerte ich mich meines Großvaters, der neben manch anderem auch davon überzeugt war, daß das, was man in der ersten Nacht in einem fremden Bette träume, in Erfüllung gehe. Hüte Deinen Spott, und begib Dich der Vorstellung, ich könnte jene Zeilen nach dem Genuß zweier Flaschen roten Weines geschrieben haben! Ich will es lediglich Deinem psychologischen Scharfsinn anheimstellen, das Orakel zu deuten, wobei ich Dich gefälligst darum bitte, mich von Allgemeinplätzen folgender Art zu verschonen: „Wer bei der Erklärung des Träumens auf einen dem Traum zugrundeliegenden verborgenen Sinn verweisen zu müssen glaubt, der hat an die Stelle des bloß zu Erklärenden ein zu Deutendes gesetzt. Solche Versuche sind seit waldursprünglichen Zeiten wiederholt unternommen worden ... Sie spuken aber noch immer im Kopf vieler Gegenwartsbürger herum." Ich weiß natürlich, daß Du diffizile Probleme gescheiter anzugehen verstehst als jener Alpenländer, der mit Vornamen nicht etwa Sigmund, sondern Walter heißt und den hier zu zitieren ich mir nicht verkneifen konnte. Schon deshalb nicht, weil ich mir noch heute grolle, daß ich achtzehn Mark unlängst für eines seiner „Werke" ausgab.

Heute morgen unternahm ich einen ersten Stadtrundgang – unbefangen und doch befangen. Ersteres, weil, wie Du weißt, ich noch nie hiergewesen bin, dennoch befangen von dem vielen, was ich über Mühlhausen schon zu hören und zu lesen bekam. Verständlicherweise beschränkte sich meine erste Visite auf die Altstadt, jenen urbanen Bereich innerhalb der beinahe in vollem Umfang erhalten gebliebenen Stadtmauer. Ich schlenderte den Steinweg entlang, der Geschäftsstraße Mühlhausens, die mich sehr an Eisenach erinnert. Dort wie hier kann man mit einiger Phantasie noch so recht das kleinbürgerliche Fluidum vergangener Dezennien spüren. Die Häuser, wohl meist um die Jahrhundertwende erbaut – wenn früher, so ist dies infolge Um- und Anbauten und mehrmaligem Verputzes kaum noch zu erkennen –, beherbergen unzählige kleine und mittelgroße Geschäfte und Läden, von denen mitnichten die meisten in ihrer Werbeleuchtschrift die bekannten Symbole der großen gesellschaftlichen Handelsunternehmen tragen. Es geht emsig zu hier – hier bekommt man alles, was man braucht, oder auch nicht; aber wenn hier nicht, dann wohl auch kaum anderswo in der Stadt. Die Menschen drängen sich auf den markisenbeschatteten Bürgersteigen, vor manchen Läden sind Tische aufgebaut; es wird im Freien verkauft, und wo an Einengungen das Gerangel zu heftig wird, tritt man getrost auf den Fahrdamm, denn Benzinmobile dürfen den Mühlhäuser Steinweg nur als Anlieger befahren. Welches Glück! hör ich Dich sagen und bin eins mit Dir in der freudigen Überraschtheit. (Um so mehr, als diese Praxis in unseren Städten wohl bald die Regel sein wird – siehe Erfurt, Weimar, Rudolstadt...)

Nahe der Post, im Stadtcafé, habe ich mir einige kühle Biere schmecken lassen, weswegen Du, eingedenk der sengenden Hitze, mich hoffentlich nicht rügen wirst. Erfrischt und von der Neugier getrieben, verließ ich das Lokal bald wieder, und es erschien mir als nächst Bemerkenswertes am Wege die Pfarrkirche St. Marien, heute säkularisiert und Thomas-Müntzer-Gedenkstätte. Auf einem Rundgang durch die fünfschiffige gotische Hallenkirche – sie ist, so las ich irgendwo, nächst dem Erfurter Dom die größte Kirche Thüringens – bekam ich allerlei Sehenswertes zu Gesicht und über Tonband zu Ohren, was ich lieber aus dem Munde eines kunstsinnigen Begleiters vernommen hätte. Sehr haben mich die farbigen Glasfenster beeindruckt, und ich vermeinte Motetten und Madrigale zu hören, als sie im Gegenlicht der Vormittagssonne mit allen Farben des Regenbogens erstrahlten. Das Licht brach sich in den bunten Scherben, wurde vielfach gestreut und malte bizarre Bilder auf den Steinfußboden der Kirche, wie sie aus den Visionen eines expressionistischen Künstlers entstanden sein könnten. Die Dame vom Personal, die mich mit dem Kassettenrecorder durch die Kirche begleitete, meinte, sie würde beim Betrachten der Chorfenster jedesmal an den Kölner Dom erinnert. „Ach, wirklich?" fragte ich, ob welcher Unkenntnis die Dame einigermaßen erstaunt schien – ich muß doch tatsächlich um Wesentliches älter aussehen, als es mein Geburtsschein beurkundet. Recht lange stand ich vor den schönen Stücken mittelalterlicher Malerei, deren die Marienkirche an Flügelaltären und Wandbildern einige zu bieten hat. Dies gilt besonders für ein großes Gemälde, das vor dem Hintergrund einer Stadtansicht Mühlhausens Stifterfiguren darstellt und aus der Schule Lucas Cranachs stammen soll.

Ich bemerkte vorhin, daß die Kirche St. Marien heute Thomas-Müntzer-Gedenkstätte sei, und sicher erwartest Du, nun Näheres hierüber zu erfahren. Gedulde Dich, mein Bester! Über Leben und Wirken des „Müntzer mit dem Schwert Gideonis" (so nannte er sich, als es um die revolutionäre Sache noch gut stand) wird fürderhin noch hinlänglich zu berichten sein. Als Impressionen aus der Marienkirche nur dieses: Müntzer war 1525 Prediger hier; von der Kanzel, auf der er einst stand und aufbegehrte, hängt eine Fahne herab – ein Regenbogen auf weißem Grund, sie ist eine Nachbildung jener Fahne, die Müntzer seinerzeit hinter seiner Kanzel aufgepflanzt hatte und deren Inschrift besagte: Dies ist das Zeichen des ewigen Bundes Gottes; alle, die bei dem Bunde stehen wollen, sollen darunter-treten ...

Auch das Äußere der Kirche ist von bemerkenswerter Schönheit. Architektonisch reich gegliedert sind die Fassaden durch Strebepfeiler, Treppengiebel, rosettendurchbrochene Spitzgiebel und allerlei Maßwerk, was Du Dir als Kenner und Bewunderer gotischer Baukunst sicherlich in bildhafte Vorstellung zu bringen vermagst, auch wenn ich zugunsten weiterer Erzählung vom Tage auf eine minutiöse Beschreibung verzichte. Dennoch will ich nicht allzu sparsam sein; denn die Südfassade des Querschiffes unerwähnt zu lassen bliebe nicht ungestraft, sähest Du sie zufällig dieser Tage auf einem Foto. Das Portal mit seinen nach hinten gestaffelten Spitzbögen zwingt nahezu suggestiv zum Eintreten in die Kirche; leider kommt man heute nur durch das weitaus weniger attraktive Westportal ins Kircheninnere. Über dem Portal blicken von einem breiten Söller huldvoll das Kaiserpaar nebst zweier Hofleute herab. Die Figuren werden Schülern des schwäbisch-böhmischen Meisters Peter Parler zugeschrieben, und wer schon einmal (zum Exempel im Prager Veitsdom) Skulpturen des im Mittelalter auch unter dem Namen Peter von Gmünd hochberühmten Steinmetzen und Baumeisters gesehen hat, wird die Zuschreibung der Kunsthistoriker gewiß nicht anzweifeln. Die lebensgroßen Gestalten sind so natürlich aus dem Stein gemeißelt, daß man meinen möchte, auch heute noch leistete alljährlich zu Martini der neugewählte Mühlhäuser Stadtrat hier, in symbolischer Gegenwart des Kaisers, den Treueeid. – Vielleicht wirst Du naserümpfend meinen, diese nach rückwärts gerichteten Phantasien vor der Mühlhäuser Marienkirche seien wenig ersprießlich. Mag schon sein, aber Du wirst doch zugeben, daß meine Vorstellung eher erbaulich ist gegen jene Art von Huldigungen und Treuegelöbnissen, wie sie spätere Jahrhunderte hervorgebracht haben. Wisse nun noch, daß früher zur Feier des Ratswechsels in der Kirche eine eigens hierfür komponierte Kantate aufgeführt wurde; die Ratskantaten der Jahre 1708 und 1709 komponierte der große Bach.

Als ich daran dachte, Dir von der Marienkirche zu berichten, wollte ich es hiermit eigentlich bewenden lassen, doch da ich im Begriffe war, das Gotteshaus zu verlassen, erzählte mir der freundliche Mann an der Kasse noch ein Histörchen, welches ich Dir nun auch nicht vorenthalten will, zumal es sich hierbei beinahe um eine frühe Form des politischen Witzes handelt. – In jenen Tagen, da es den kirchlichen Würdenträgern von päpstlichen Gnaden, namentlich den höheren, ob der vehementen Streitschriften des Wittenberger Doctor Martinus Luther allmählich mulmig wurde, saßen, so erzählt man sich, in Mühlhausen zwei Prälaten beim Mahle und diskutierten mit vom Weine gelösten Zungen die Möglichkeit, daß ein nahes Ende ihres Prassens nicht ausgeschlossen sei. Und da ihnen der Verlust ihrer Pfründe wie auch ein frugalerer Lebenswandel gleichermaßen schaurig erschien, soffen sie solange, bis der Geist vom Rebensaft alle larmoyanten Erwägungen vertrieben und ihnen das sichere Bewußtsein unvergänglicher Sendung wiedergegeben hatte. Und wie sie so ungeduldig auf den nächsten Gang ihres Nachtmahles warteten, wetteiferten sie mit Zornestiraden gegen den sächsischen Ketzer, was darin gipfelte, daß der eine der beiden, da ihnen gerade drei gesottene Rebhühner serviert wurden, folgender Überzeugung mit grimmigem Gebaren Ausdruck verlieh: „Sowenig diese drei Rebhühner jemals wieder fliegen werden, ebensowenig wird diese Ketzerei in unserer guten Stadt zur Macht gelangen!“ Hätte er geschwiegen, so wäre er wahrscheinlich dennoch kein Philosoph geworden, aber die Marienkirche wäre dann heute um drei Pfeilerfiguren ärmer; denn der Schwarzrock hatte kaum zu Ende gesprochen, als sich das kulinarisch hergerichtete Federvieh plusterte und unter dem Verspritzen von Soßen und allerlei Garniturwerks durchs offene Fenster davonflog. Allerdings schien die Flugkraft der Rebhühner während der Stunden in der Backröhre doch ziemlich gelitten zu haben, denn sie mußten schon auf den Strebepfeilern der nahen Marienkirche wieder landen. Dort wurden sie sich möglicherweise ihrer Orakelfunktion bewußt, und so opferten sie denn die wiedergewonnene Freiheit einem Jahrhunderte währenden Ruhm, blieben sitzen und versteinerten.

Falls Dir, lieber R., beim Lesen mancher Stellen des Obigen ein Wasser im Munde zusammengelaufen sein sollte, so verschone mich dennoch bitte mit dem Auftrag, die Gaststätte ausfindig zu machen, in der sich besagte Szene hätte abgespielt haben können. Selbst wenn mir solches gelänge – Rebhuhn wird dort sicherlich nicht mehr serviert. – Wenn ich Dich nun bitte, mich ein paar Schritte weg von der Marienkirche, zur Holzstraße Nr. 1, zu begleiten, weil ich mit Dir über Post- und Geldangelegenheiten sprechen will, so mußt Du nicht fürchten, mein Zehrgeld sei ausgegangen und ich wolle Dich um die postalische Anweisung eines finanziellen Rettungsringes angehen – wir stehen dann lediglich vor einem der schönsten Patrizierhäuser Mühlhausens, dem alten Posthaus derer von Thurn und Taxis. Drei Millionen Taler (Mann, das waren reine Goldstücke!) Abfindung erhielten jene, als sie im Jahre 1866 das Postmonopol unter anderem auch der thüringischen Fürstentümer an den preußischen Staat abtraten. Freilich wußte ich das noch nicht, als ich heute nachmittag vor dem großen, sehr fein restaurierten Fachwerkhaus stand, und auch nicht, daß einer der Taxis schon in der zweiten Hälfte des 15. Jahrhunderts, *das* Geschäft witternd, damit begonnen hatte, Posten einzurichten. Dies habe ich hernach im alten Brockhaus meiner Wirtin gelesen. Dort steht auch, daß Philipp der Schöne 1504 mit Franz von Taxis ein Abkommen schloß, wonach Briefe mit der Taxisschen Post von Brüssel nach Paris in vierundvierzig Stunden, nach Innsbruck in fünfeinhalb Tagen, nach Toledo in zwölf Tagen und nach Granada in fünfzehn Tagen befördert werden mußten. Ja, mein Lieber, das waren noch Zeiten; sieh selbst auf die Karte, und miß die Entfernungen! Da mir ein reitender Bote der Taxis nicht zur Verfügung steht, will ich meinen Brief jetzt lieber beenden, um ihn noch rasch zum nächsten gelben Kasten tragen zu können. Immerhin trennen uns beinahe neunzig Kilometer, und ich möchte nicht, daß Du länger als fünf Tage ohne Nachricht von mir bist. In diesem Sinne wünscht Dir nebst Wohlergehen einen flinken Zusteller

Dein N.

Mühlhausen, 2. 7. 1977

Lieber Freund!

Gestern morgen betrat ich das Postamt in der Hoffnung, daß mir am Schalter ein Brief von Dir ausgehändigt würde, mußte mich aber von einem achselzuckenden „Bedaure, es ist nichts da, vielleicht kommt mittag noch etwas mit" des Schalterbeamten vertrösten lassen. Nun gut, ich zürne Dir nicht, da ich ja weiß, wie vielbeschäftigt Du bist. Nur, morgen werde ich Mühlhausen verlassen; hoffentlich trifft nicht gerade dann eine Nachricht von Dir ein. – Meine gestrige Enttäuschung wurde durch einen anderen Umstand sehr rasch gelindert: Hinter mir am Schalter stand nämlich ein überaus hübsches weibliches Wesen, welches, während ich noch „schade" murmelte, mich anlächelte und mit reizender Ironie fragte: „Na, hat sie wieder nicht geschrieben?" Wenngleich es in unserer weitgehend enttabuisierten Zeit auch zu den normalsten Dingen der Welt gehören sollte, daß ein hübsches Mädchen einen Mann anspricht, wenn sie das möchte, so war ich ob dieser Tatsache doch etwas verdattert und verließ ohne Antwort den Schalterraum, nicht jedoch, ohne vorher ihr Lächeln noch artig erwidert zu haben. Auf dem kurzen Weg vom Schalter zur Tür und auf die Straße vollbrachte ich dann innerhalb weniger Sekunden die Meisterleistung, etwa siebenundvierzig verschiedene Möglichkeiten zu erwägen, um mich schließlich zu ermannen, vor der Post auf die Schöne zu warten. Sie kam auch bald, und mit Herzklopfen in der Höhe des Kehlkopfes ging ich auf sie zu und sagte: „Ich wollte Post von einem Freund abholen." Sie lachte und sagte: „Du lieber Himmel, ich habe doch vorhin bloß gescherzt; Sie haben so ein belämmertes Gesicht gemacht, als der Mann am Schalter Ihnen keinen Brief gegeben hat." – „Ach so, na ja ... und weswegen waren Sie am Schalter für postlagernde Sendungen?" fragte ich. Da geschah etwas Unerwartetes: Plötzlich wurde sie ernst, und wie von ihrem Mund das Lachen, verschwand aus ihren Augen die Fröhlichkeit und das Schalkhafte, die mir ihr Gesicht noch vor einem Moment so sehr hübsch und anziehend hatten erscheinen und mich so jungenhaft unsicher hatten werden lassen. War es dumm oder ungeschickt oder gar taktlos von mir gewesen, auf ähnliches anzuspielen wie sie vor wenigen Minuten? Ich hatte keine Ahnung, wie meine harmlose Frage ihren plötzlichen Stimmungswandel hervorgerufen haben könnte, jedoch klang ihre Stimme, als sie mir antwortete, wie bei jemandem, dem plötzlich bewußt wird, daß er durch eine unbedachte Albernheit an einer peinlichen Situation schuld ist. Sie sagte: „Entschuldigen Sie, es war dumm von mir, einen fremden Mann anzusprechen.“ Dann drehte sie sich um und ließ mich grußlos stehen. Du kannst Dir vorstellen, mein Freund, daß ich nun erst recht überrascht war, freilich weniger angenehm als noch kurz zuvor im Postamt. Mit gemischten Gefühlen sah ich ihr nach, aber schon nach wenigen Augenblicken entschloß ich mich, dem Mädchen zu folgen. Sie war gerade erst auf der anderen Straßenseite, als ich sie einholte. Ich hielt sie sachte am Arm fest, sie drehte sich um und fragte: „Ist noch etwas?“ Ich antwortete: „Aber wieso denn ... ich meine, wieso entschuldigen Sie sich? Es ist doch nichts dabei, daß Sie mich angesprochen haben. Im Gegenteil, ich habe mich gefreut; vielleicht habe ich nur ein bißchen komisch reagiert, mir passiert so etwas nämlich nicht alle Tage...“ Während ich sprach, hatte sie, wohl ohne sie recht wahrzunehmen, die Auslagen eines Schaufensters betrachtet, dann sah sie mich an, zuckte die Schultern und sagte: „Na ja ...“

Zwei Jungen, die einem Ball nachrannten und mich dabei heftig anrempelten, gaben mir einen Vorwand, das Mädchen zu fragen, ob ich sie zu einem Kaffee in das nahe Restaurant einladen dürfe. Sie schüttelte den Kopf und sagte: „Nein, das geht leider nicht, ich bin im Dienst — schönen Dank aber für Ihre Einladung.“ Da sie bei den letzten Worten wieder gelächelt hatte, mit den Augen zwar nur und einer kaum wahrnehmbaren Veränderung der Linien ihrer Lippen, meinte ich, noch nicht aufgeben zu müssen und sagte etwas derart, daß der Dienst doch einen Augenblick warten könne und daß ja auf den meisten Arbeitsstellen auch hin und wieder Kaffee getrunken würde. Und außerdem wollte ich wissen, warum sie auf meine Frage von vorhin so seltsam reagiert habe. Sie lehnte dennoch ab, aber jetzt lachte sie wieder, fast genauso, wie sie mich auf der Post angelacht hatte. Ich hob die Schultern und sagte: „Schade. War ja nur eine Frage.“ Und nach einer kleinen Weile: „Aber wie wär’s, wenn wir heute abend gemeinsam ins Kino gingen?“ Sie zögerte mit einer Antwort, sah wieder in das Schaufenster, dann mir direkt und, wie ich glaubte, prüfend in die Augen und sagte: „Na schön, gehen wir ins Kino. Also dann bis heute abend – an der Post.“

Diese merkwürdige Begegnung hatte ich also gestern morgen, und jetzt gleißt bereits das frühe Rot des zweiten Julitages über die Dächer von Mühlhausen. Von dem, was sich in der Zwischenzeit ereignete, soll Dir nun Kunde werden, in Auszügen freilich nur, von denen ich mit einiger Sicherheit annehmen darf, daß sie Dein Interesse treffen. Die Begegnung mit dem Mädchen hatte mich teils nachdenklich gemacht, teils in angenehme Beschwingtheit versetzt, und ich hielt es dieser Situation durchaus für angemessen, mir ein Glas Wein zu gönnen. Mit Rücksicht auf meine Stimmung mied ich die zentralen Gaststätten und begab mich, mein Vorhaben zu realisieren, außerhalb der Stadt, zur „Kulturstätte Schwanenteich“. Es ist dies eine sehr schöne, großzügige Anlage, die als Naherholungszentrum nicht nur von der Mühlhäuser Bevölkerung geschätzt wird. Als ich hinkam, war kaum Betrieb, das Wochenende hatte noch nicht begonnen, welcher glückliche Umstand mir höchste Befriedigung verschaffte. Ich suchte mir einen Platz auf der Terrasse, wo die Tische im Schatten riesiger Linden und Kastanien stehen. Man blickt hinunter auf ein Strandbad, dessen Schwimmbecken ein weidenbewachsener Damm vom großen Gondelteich scheidet. Dort schwimmen auch die edlen Vögel, die der Anlage den Namen gaben. Wassertreter und Ruderboote kreuzen rings um eine dichtbewaldete Insel in der Mitte des sonnenüberfluteten Wassers. Diese Insel sollte eigentlich auch der Nistplatz für die

Schwäne sein, doch, so las ich, sind jene wegen der vielen Menschen, die sommers hierherkommen, damit durchaus nicht einverstanden. Deswegen fliegen sie zur Brutzeit alljährlich zu einem entfernteren Teich, um nach vollzogener Familiengründung zu Fuß wieder in die alte Heimat zurückzukehren. Da sie ihren Heimweg teilweise über vielbefahrene Landstraßen nehmen, ist dieser nicht ungefährlich für die Tiere. Deshalb holt man sie jetzt nach den Flitterwochen mit dem Auto wieder zurück. Das ist liebenswürdig, findest Du nicht? Ich weiß nicht, wann Schwäne ihre Brutzeit haben, gestern jedenfalls, als ich am Schwanenteich saß, waren sie da. Sehr schön und sehr erhaben, und ich hätte in diesem Augenblick gerne die Ouvertüre zu „Lohengrin" gehört. (Ich weiß, mein Bester, zuweilen sind meine Assoziationen höchst vordergründig — in diesem Falle magst Du es mir mit Rücksicht auf das skurrile Erlebnis nachsehen.) Statt der Streicherakkorde aus dem Lohengrin-Vorspiel hörte ich aber nur einen Zephir in der Linde über mir säuseln; hin und wieder kam er herunter, spielte mit den Blättern meines Buches, in dem die Rede von einem Jüngling ist, der eine blaue Blume sucht, und machte mir den heißen Tag aufs angenehmste erträglich. Von den Kastanienbäumen zupfte er kleine igelige Kugeln, noch nicht größer als eine Kirsche, und las so spielend aus, was zur Entwicklung nicht taugt. Ich saß, trank einen süßen Rotwein und gab mich ganz dieser schönen Stunde hin. Aber ach! schon bald ging es mir wie dem im Walde ruhenden Wanderer, der in der elegischen Schlußstrophe jenes überschönen Dichterwerkes klagt:

Doch bald aus nahem Tales Grunde
Mich Autolärm und Zuggeräusch
Aus jenen Wolkenhöhen stießen
Und boshaft, den Erinnyen gleich
Den seltnen Frieden mir verdrießen.

Meinen Frieden verdrossen weniger Autolärm und Zuggeräusche, als vielmehr die hungrigen und (wahrscheinlich mehr noch) durstigen Insassen von vier Reiseomnibussen, die eben in der bei solchen Ausflugsgesellschaften üblichen Manier die Terrasse erstürmten; teils lachend, teils schniefend, teils schimpfend – alle zusammen jedenfalls viel zu laut für meine Tagträume, die sich, dermaßen erschreckt, rasch wieder in die verborgensten Winkel meines Ichs flüchteten. So hatte sie mich denn wieder, die schöne reale Welt, und da mir dies im Augenblick körperliches Unbehagen verursachte, entschloß ich mich kurzerhand zum Aufbruch. Zumal auch mein Magen aus der Rotweinverklärung erwacht zu sein schien und mit fühlbarem Nachdruck nach etwas Festem verlangte. Ihm das hier verschaffen zu können erachtete ich angesichts der vorangegangenen Invasion für aussichtslos, und also tröstete ich mich damit, nicht vertrieben worden zu sein, sondern dem eigenen Antrieb gehorchend das Feld geräumt zu haben.

Auf dem Rückweg ins Stadtinnere begegneten mir viele Schüler in Blauhemden und mit Halstüchern – es war der letzte Schultag vor den großen Ferien, der Tag der Zeugnisausgabe. Wie viele mochten wohl unter ihnen sein, für die sich an diesem Tage lange gehegte Befürchtungen offenbarten? Am Schwanenteich hatte ich, kurz bevor ich gegangen war, den makabren Dialog zweier Männer aufgeschnappt. Der eine: „Ist eigentlich nicht allzuviel los unten im Bad – komisch, bei so einer Hitze." Der andere: „Kein Wunder, heute gab's Zensuren, die Bagage sitzt mit blauen Ärschen zu Hause ..." Irgendwie schämte ich mich in diesem Augenblick für die Erwachsenen. Und dann stellte ich mir vor, wie es wohl aussähe, wenn sich besagte Szene mit umgekehrter Besetzung abspielen würde: Zwei Jungen sitzen in der Kantine eines Fußballstadions und lutschen Eis. Sagt der eine: „Ist heute eigentlich nicht allzuviel los auf den Rängen – komisch, bei so einem Spitzenspiel." Sagt der andere: „Kein Wunder, heute war Plansilvester, die Alten sitzen mit leeren Prämientüten zu Hause ..." Du wirst mir beipflichten, ein solcher Dialog wäre nicht minder makaber, aber immerhin von ausgleichender Gerechtigkeit.

Besagte Triebkraft also, gemeinhin Hunger genannt, führte mich, da keine andere Lokalität am Wege, stracks zum ersten Haus am Platze, ins Hotel-Restaurant „Stadt Mühlhausen" am Wilhelm-Pieck-Platz, welcher weiland Untermarkt geheißen und noch heute zu den schönsten Plätzen der Stadt gehört. Von meinem Fensterplatz aus hatte ich durch die dünne Fontäne eines schmucklosen Brunnens gute Aussicht auf den Platz. Vis-à-vis die Blasiuskirche, auch Bachkirche genannt. Bach, wegen einiger Querelen im Arnstädter Dienst von den dortigen Ratsherren brüskiert, nahm im Sommer 1707 die Stelle des Organisten an der Pfarrkirche Divi Blasii zur Freien Reichsstadt Mühlhausen an. Die Kirche, stilistisch verwandt mit der Arnstädter Liebfrauenkirche, dem Naumburger Dom und berühmten Kirchen am Rhein, zählt zu den Mühlhäuser Kleinodien – nicht nur, aber auch wegen ihrer Orgel. Mit ihr ist nämlich nicht nur die Erinnerung an Johann Sebastian Bach verknüpft, sondern auch die an den großen Humanisten und Orgelspieler Professor Albert Schweitzer. Als das Instrument vor Jahren nach alten Plänen Bachs neu aufgebaut wurde, gehörte auch der Arzt von Lambarene zum Sachverständigengremium. Schade, daß ich mich für morgen zur Abreise entschlossen habe – am Abend gibt es ein Orgelkonzert in der Blasiuskirche.

Ich erwähnte, daß besagter Platz, den ich von der Gaststätte aus beobachtete, früher „Untermarkt" hieß, und so wäre es zumindest nicht abwegig, wenn Du annähmest, daß dort auch ein historisches Rathaus stehen müßte. Dennoch,

Du wirst es sowohl hier wie auch an anderen markanten Plätzen der Stadt vergeblich suchen. Du meinst, Mühlhausen hätte also gar keins? Doch doch, es hat eines, sogar ein besonders interessantes. Nur steht es nicht, wie in anderen Städten, repräsentierend an einem Marktplatz, sondern ist in das Gewirr von Straßen und Gassen der Altstadt eingezwängt und für den Fremden nicht sofort auffindbar. Dies scheinbare Kuriosum hat einen durchaus verständlichen historischen Hintergrund: Ursprünglich bestand Mühlhausen nämlich aus zwei selbständigen Einzelstädten – Altstadt und Neustadt. Diese beiden Städte vereinigten sich, vermutlich im dreizehnten Jahrhundert, wodurch Einfluß und Macht der Bürger erheblich zunahmen und damit auch ihr Selbstbewußtsein. Dieses hinwiederum (mittlerweile hatten die Mühlhäuser ihrem König den günstigsten Status, der seinerzeit erreichbar war, abgerungen: den einer Freien Reichsstadt) sollte nun auch nicht unter dem Scheffel stehen, und so beschloß man denn, der jungen „Groß"stadt ein repräsentatives Rathaus zu errichten. Und um Prioritätsgezänk zwischen den Honoratioren der einstigen Teilstädte von vorneherein zu vermeiden, wurde der Bauplatz unmittelbar auf der ursprünglichen Grenze zwischen Altstadt und Neustadt gewählt. Damit war nicht nur ein zufriedenstellender Kompromiß gefunden, sondern auch die Möglichkeit gegeben, die noch junge Einheit durch ein stattliches Wahrzeichen zu besiegeln. Als ich nun gestern nach längerem Umherirren in den Gassen des alten Stadtkerns das Rathaus endlich gefunden hatte, war mein erster Eindruck freilich nicht eben der, der einen vor *stattlichen* Bauwerken staunend verharren läßt. Eher waren es heitere Gefühle, wie sie mich stets ankommen, wenn ich mich in einer fremden Stadt zu einem besonders malerischen Winkel verlaufen habe. Das Rathaus ist eigentlich gar kein *Haus* im landläufigen Sinne dieses Wortes. Es besteht aus vielerlei

Gebäuden, die in Winkeln aneinandergebaut oder durch Brücken verbunden sind und deren verschiedene Baustile es dem Unkundigen schwermachen, zu entscheiden, welcher Gebäudeteil denn nun noch zum Rathaus gehört und welcher nicht. Der Kern des Ensembles, jener Teil also, der nach der Überlieferung genau auf der einstigen Stadtgrenze stehen müßte, ist in gotischer Manier errichtet. Ihm schließen sich nach Süden und Osten schlichte Renaissance-Flügel an. Im selben Stile erbaut sind die vergleichsweise großen Nord- und Westflügel. Sie standen einst separat und wurden erst in jüngerer Zeit durch eine Brücke mit den älteren Gebäuden verbunden. Vielleicht ist jene, ebenso wie ihre berühmte venezianische Schwester, einst für manchen, der sie überquerte, zur Seufzerbrücke geworden; denn im allgemeinen wurde früher in den Rathäusern auch Gericht gehalten. Hinter den Bögen dieser Brücke öffnet sich ein romantischer Hof, wo an den Gebäuden schöne Portale und Fenstereinfassungen und an den Dächern grimmige Wasserspeier zu bewundern sind. Es lohnt sich auch, das Rathaus von innen zu besehen; ich jedenfalls habe mich recht lange darinnen aufgehalten, denn all die innenarchitektonischen Schönheiten zu betrachten und zu genießen bedarf es der Ruhe und Muße. Die hat man dort, weil es keine offiziellen Führungen gibt und jeder Besucher solange verweilen kann, wie er möchte. Ich tat dies besonders in der Großen Ratsstube, deren Holztäfelungen und Wandbilder mich ahnen ließen, zu welcher Kunstfertigkeit thüringisches Handwerk einstens fähig war. In jenem Raum hat wohl auch der Ewige Rat getagt, mit dem Müntzer und seine Anhänger versuchten, die Geschicke der Bürgerschaft nach deren Willen und nicht nach dem einer Obrigkeit von Gottes Gnaden zu leiten.

Doch zurück zum Wilhelm-Pieck-Platz! Längs der Marktseiten stehen gewichtige Bürgerhäuser, nicht alle so alt (und schön), daß sie Anspruch auf Denkmalswert hätten, aber doch einige, deren Fassaden liebevoll restauriert sind und dem Platz zusammen mit der großen Kirche durchaus mittelalterliches Gepräge geben könnten, würde er nicht diagonal von einer der meistbefahrenen Straßen Mühlhausens durchschnitten. Spotte nicht meiner Sensibilität, mein Lieber; ich gäbe einen Teil davon gern manchem Stadtbaudirektor ab. Nun, hinter dem Glas der Restaurantfenster war ich gegen die Angriffe der Autos auf Ohren und Nase ja einigermaßen geschützt, zum anderen bekam ich auch ein vorzügliches Mittagsmahl, zu einem Preis, für den ich im ersten Restaurant eines anderen Mülhausen kaum meine Garderobe würde abgeben können. – Hernach begab ich mich ins Heimatmuseum, von dessen mit Fleiß zusammengetragenen und sachverständig aufgestellten Exponaten mich dennoch keines derart hinriß, daß ich Dir in Breite darüber berichten müßte. Oder doch! In den Räumen des Museums sind verschiedentlich Sitzecken eingerichtet, wo man sich vermittels Kopfhörern viel Wissenswertes über mittelalterliche Ton- und Dichtkunst anhören kann. Die Vorträge sind in erträglicher Länge gehalten und sehr gescheit mit Musik- und Rezitationsbeispielen durchsetzt. Man spürt beim Zuhören, hier waren Menschen am Werke, denen ihre Sache am Herzen liegt.

Deine Zeit nicht über Gebühr zu beanspruchen, mache ich jetzt einen zeitlichen Sprung in meiner Erzählung und lade Dich ein, Dir einen lieblichen, weichen Sommerabend in einer mittelalterlichen Thüringer Stadt vorzustellen. Die „rush hour", jene Stunde hektischen Gewimmels, ist vorbei, jene Stunde nach Feierabend, in der sich die Menschen durch die Geschäfte drängen, jene Stunde, in der Frauen mit schweren Einkaufsnetzen von einem Ende der Stadt zum anderen hetzen, weil sie hörten, daß es dort Bananen geben soll, jene Stunde, in der die Männer von manchen dieser

Frauen die Gaststätten bevölkern, weil sie sich ihr Feierabendbier trotz Bananen nicht nehmen lassen, jene Stunde, in der auf den Straßen, zu Fuß oder auf Rädern, jedermann jagt und hetzt – nach Hause, zum Bus, an den Stammtisch, jene Stunde also ist vorbei, die Stadt beruhigt sich, und mit dem Abendrot senkt sich Beschaulichkeit in die winkligen Gassen. Auf den Stiegen eines kleinen alten Hauses sitzen pfeiferauchend zwei Opas; sie haben Filzpantoffeln an, und en passant hörst Du, daß „der Karl ja nun auch gestorben" ist. Ein paar Straßenzüge weiter sind es zwei Frauen, die sich das Wichtigste des vergangenen Tages berichten; sie sind weniger diskret und unterhalten sich von geöffneten Fenstern aus über die Straße. Es stört sie nicht, daß Du vorbeigehst und etwas aufschnappen könntest, Deine Ohren wüßten mit dem Gehörten ohnehin nichts anzufangen. Hier in der engen Altstadt sind jetzt kaum noch Autos auf den Straßen, die wenigen verschnaufen bis zum nächsten Morgen in den Laternengaragen am Rinnstein. Nur einmal springen federballspielende Kinder erschreckt auf die schmalen Gehsteige, als eine Gruppe Jugendlicher auf grellbunten Motorrädern vorbeiknattert. Sie haben enganliegende Jeansanzüge an, auf manchem Ärmel erkennst Du das Kreissymbol der Atomwaffengegner, und als sie vorbei sind, siehst Du, daß sie alle das Bild eines Popsängers auf dem Rücken tragen. Die Jugendlichen stören Deine Idylle nicht; sie gehören zu dieser abendlichen Stunde wie das bläuliche Flimmern, das jetzt hinter immer mehr Fenstern an den Wänden zu zucken beginnt. Spitzweg ist seit einundneunzig Jahren tot.

Ich hoffe, Du bist nun auf die Harmonie des gestrigen Abends rechtens eingestimmt, so daß ich Dir jetzt ohne weitere Umschweife sagen kann: Ich war nicht allein, als ich jene Impressionen in mich aufnahm. Du erinnerst Dich: meine Bekanntschaft vom Morgen. Wie Du weißt, wollten wir ins Kino gehen. Als wir uns jedoch in der Vorhalle des Filmtheaters über das gerade laufende Programm informierten, kamen wir recht schnell überein, daß ein gemeinsamer Spaziergang weit mehr Vergnügen verspräche als die Betrachtung dieses Filmes. Jetzt, da ich Dir schreibe, bin ich dem Zufall, der gerade keinen Film von Wajda, Schukschin oder Visconti auf dem Progamm stehen ließ, geradezu dankbar – der Abend wäre sonst um zwei sehr schöne Stunden kürzer gewesen. Das kannst Du Dir denken? Nichts kannst Du Dir denken! Solche Stunden lassen sich nicht denken; sie kommen jählings, wie die Laune eines Gottes, sind unwiederholbar wie jede vergangene Minute – ich glaube, selbst in meiner noch frischen Erinnerung vermag ich jenes Mosaik nicht wieder so zu legen, wie es die Gunst des Augenblickes fügte. Aber ist das wichtig, wenn jedes Steinchen für sich die Erinnerung lohnt? Jetzt, am Abend, war ihr Lächeln wieder offen, und von jener Befangenheit, in die ich sie am Morgen mit meiner Frage nach dem Grund ihres Postbesuches gebracht hatte, konnte ich in ihrem Gesicht keine Spur mehr finden. Ich schätzte sie auf nicht viel älter als Zwanzig, und ich erfuhr, als ich sie später nach ihrem Alter fragte, daß ich ganz gut geschätzt hatte, und war damit der Gefahr entgangen, wegen eines allzu simplen Komplimentes belächelt zu werden. Sie hatte Bluejeans an, dazu ein hellblaues ärmelloses Dress, dessen Träger im Nacken gebunden waren wie ein Badeanzug. Ihr Haar, das vom selben Braun ist wie die Augen, hatte sie in der Mitte gescheitelt und an den Schläfen mit Klemmen festgesteckt. Von da fiel es locker über ihre bloßen Schultern bis tief auf den Rücken, um den meinen Arm zu legen ich vom ersten Augenblick an heimlich begehrte. Über die Verzeihlichkeit dieses Begehrens magst Du nicht richten, denn schließlich war es ein Sommerabend voll duftender Poesie. Von den spitzen Giebeln der alten Häuser sangen die Schwarzdrosseln ihre Liebeslieder in den Abendhimmel. Pfeilschnell und kreischend schossen die Schwalben über die Dächer, hinter denen das Abendrot schimmerte, und überall, wo sie ihre Nester unter die Dachtraufen geklebt hatten, reckten sich hungrige und piepsende Schnäbel. Jetzt, da die Sonne nicht mehr brannte, kaum noch Autos fuhren und die Straßen nicht mehr durchwogt waren von betriebsamen, eiligen Menschen, wurde die Luft weicher und füllte sich mit dem Duft der reifenden Bäume und Blumen. Und dieser Duft war berückend und machte das Herz ganz eigenartig und den Kopf ganz wirr, denn wie wäre mir sonst der Gedanke gekommen, daß der süße Duft vielleicht auch von jener blauen Blume rührte, von der der Jüngling in meinem Buche einst geträumt hatte. (Schmunzle nur, mein Bester, laue Sommernächte werden uns allemal noch zu närrischen Gedanken verleiten.)

Ohne verabredetes Ziel gingen wir durch die Straßen bis hinauf zum Frauentor, schweigend, nur von Mal zu Mal uns anlächelnd. Ich fühlte mich wie ein Pennäler, und das kam wohl daher, daß ich schon allzulange nicht mehr in solcher Begleitung durch einen Sommerabend gegangen war. Ich überlegte, wie ich ein Gespräch beginnen könnte. Meine Sinne waren verwirrt von ihrer Erscheinung und von der summenden Abendstimmung. Vielleicht verstehst Du mich nicht, aber ich fürchtete, alles, was ich reden könnte, müßte sogleich zu solch einer Banalität geraten, die gemeinhin zum Beginn eines Flirts mit eindeutigem Ziel verwendet wird. Dabei hatte ich vielleicht auch jenes Ziel, ich kann es nicht leugnen, schon gar nicht im Nachhinein, und dennoch war ich wie kaum zuvor voller Hemmungen, mich auf irgendeine Weise diesem Ziel zu nähern, aus Angst um den Augenblick. Jene Bange hütete mich auch, sie nach dem zu fragen, was mich noch immer interessierte: ihr plötzlicher Stimmungswandel am Morgen vor der Post. Als wir das Frauentor unterquert hatten, schlug sie vor, an der Stadtmauer entlangzugehen. Unter den Bäumen und Büschen des Wallgrabens legt sich die Nacht zuerst nieder, von dort aus rekelt und streckt sie sich und breitet sich wohlig aus über die ganze Stadt.

„Mein Verhalten heute morgen hat Sie verwundert, nicht wahr?“ fragte das Mädchen. Ich gab es zu und war erleichtert, daß sie von sich aus davon anfing. „Na ja, es war dumm von mir, ich kann Ihnen natürlich sagen, was ich auf der Post wollte. Geld wollte ich abholen, Alimente für meine Tochter.“ Ich mußte lachen. „Warum lachen Sie?“ fragte sie, und ich erzählte ihr von meinem Erlebnis mit der ersten Zimmervermieterin. Dann lachten wir beide und stellten uns vor, es könnte mehr als ein kurioser Zufall sein, der mich innerhalb weniger Tage gleich zwei von ihren Männern verlassenen Frauen begegnen ließ. Nein, wir machten uns nicht lustig über die andere Frau und ihren einfältigen Versuch, einen neuen Partner zu finden, und auch nicht darüber, daß ich mich unter einem Vorwand ihren Versuchen entzogen hatte. Wir machten uns lustig über die absonderliche Folge meiner Bekanntschaften, und sie scherzte, wohl spürend, daß mich die Begegnung mit ihr ganz anders berührte als jene vor ein paar Tagen: „Nun sinnen Sie aber rasch auf einen Vorwand, unsere Bekanntschaft wieder zu beenden, vielleicht werfe ich sonst auch noch meine Netze nach Ihnen!“ Ich sagte, daß dies nicht nötig sei, daß ich keinen Vorwand brauche, da ich am nächsten Tag abreisen würde, nicht wissend, ob und wann ich nach Mühlhausen zurückkäme. Und ich fügte „leider“ hinzu und sah sie an. Ihre Augen waren von dunkler Tiefe, so wie alte Burgbrunnen, deren Grund man nur ahnen kann und in die man doch immer wieder hineinschaut, in der Hoffnung, sich plötzlich glasklar gespiegelt zu sehen. Und so, als wäre ein Blatt in diesen Brunnen gefallen, sah ich ein winziges Flimmern in ihren Augen. Ich hatte „leider" gesagt und auch gemeint, und doch schien es mir gut, am nächsten Tage abzureisen, denn ich ahnte, daß mich diese Augen in Schwierigkeiten würden bringen können. Du weißt, mein Freund, daß ich mich nicht vor Schwierigkeiten fürchte; jene aber, in die der Mensch gerät, wenn Kopf und Herz im Widerstreit liegen, wenn eins das andere erschlagen will, jene Schwierigkeiten machen mir Angst, weil sie sich nicht beilegen lassen, ohne die Seele zu verletzen – hierfür haben wir noch keinen Kompromiß erfunden. Die Frau, die auf meine Annonce geantwortet hatte, hätte mich nie in solche Schwierigkeiten bringen können, höchstens in eine peinliche Lage; bei dem Mädchen, mit dem ich an der Mühlhäuser Stadtmauer spazierenging, war das anders. Und ich glaube, auch sie wußte das.

Mittlerweile hatten wir die Altstadt schon einmal umgangen, waren wieder am Frauentor angelangt, und die spitzen Türme der Jacobikirche hoben sich kaum noch vom Nachthimmel über der uralten Stadtmauer ab. Sie hatte mir von sich erzählt, daß sie mal studiert habe, an einer Kunsthochschule, doch dann sei ihre Tochter gekommen und der Vater gegangen, und jetzt male sie Werbetafeln für den Konsum und Losungen für den Rat der Stadt. Ob sie irgendwann ihr Studium wieder aufnehmen wolle, fragte ich sie. Sie sagte: „Vielleicht später, wenn meine Tochter etwas größer ist. Ich will nicht, daß die Kleine mich nur am Wochenende sieht; Wochenkrippe finde ich nicht gut." – „Viele Mütter haben keine andere Wahl", sagte ich. „Ich schon", antwortete sie, „deshalb habe ich ja mein Studium aufgegeben." Wir gingen durch die Gassen zwischen Felchtaer Straße und Steinweg, und von irgendwoher schlug eine Turmuhr elfmal. Auch von dem Mann, der ihr das Kind gemacht hatte, erzählte sie mir. Seine Eltern hatten damals eine Heirat nicht gewollt. Er sollte sich das Leben nicht versauen, hatten sie gesagt, an sein Studium sollte er denken und daran, wie schwer es gewesen war, für ihn, das Intelligenzlerkind, einen EOS-Platz zu bekommen. Er hatte auf seine Eltern gehört, und diese bezahlten für die Zeit seines Studiums die Alimente. Bestimmt würden sie ihm nach dem Studium auch eine passende Frau suchen.

Ihr Tonfall beim Erzählen hatte etwas Beiläufiges, Protokollhaftes, so, als spräche sie nicht über ihr eigenes, sondern das Schicksal Dritter. Ganz anders als andere Frauen, die ich schon über ihre gescheiterten Liebesbeziehungen hatte reden hören; solchen, denen ihre verletzten Seelen die Kontrolle über ihre Emotionen genommen hatten und die sich deshalb bei der Erörterung zwischengeschlechtlicher Probleme ständig da bewegten, wo die Grenze zwischen Sachlichkeit und Hysterie fließend wird. Die scheinbare Nüchternheit, mit der das Mädchen über seine Vergangenheit sprach, war mir sympathisch und verstärkte mein Gefühl der Zuneigung. Sie sagte: „Es ist gut so, daß er mich nicht geheiratet hat; bestimmt wäre ich jetzt ziemlich unglücklich. Ich kenne viele unglückliche Ehen und solche, die sich glücklich geben. Es mag aber Ausnahmen geben; sind Sie glücklich verheiratet?"

Ich schwieg, und sie sah mich von der Seite an und lächelte, als wollte sie sagen: ‚Na, sehen Sie!'

Ich fragte: „Und Sie, sind Sie *so* glücklicher?"

„Ich bin frei."

„Aber allein."

„Das muß ich nicht sein, aber wenn ich es will, dann kann ich es – das ist ein Vorteil, den ich nicht leichtfertig vergeben will. Die Ehe verpflichtet zu lebenslangem Glücklichsein – ich finde das anmaßend, wie ich es anmaßend und leichtfertig finde, wenn junge Leute mit dem simplen Wort ‚ja' vor einem unbeteiligt-gutgläubigen Beamten auf die Dauerhaftigkeit ihrer Gefühle schwören."

„Möchten Sie die Ehe abschaffen?"

„Wenn ich all die zermürbten Individualitäten um mich her sehe, wenn ich Ehefrauen über ihre betrogenen Gefühle und enttäuschten Sehnsüchte weinen sehe, wenn ich Männer sexuelle Verklemmungen und verdrängte Leidenschaften im Alkohol ersäufen sehe, wenn ich sehe, wie Eheglück nach einer Woche Fernsehstumpfsinn auf den allsonntäglichen Trabi-Ausflug ins Grüne reduziert wird – dann würde ich das schon ganz gerne."

„Eine reizvolle Vorstellung von der Anarchie der freien Liebe, nur leider nicht sonderlich neu – und wer täte dabei schon mit?"

Sie lachte kurz und erwiderte: „Nennen Sie es Anarchie, wenn Ihnen nach Spott zumute ist. Nur denke ich nicht mit einem Männerhirn, in dem die ‚Vorstellung von freier Liebe' natürlich nur reizvoll sein kann – man weiß ja, welche Reize gemeint sind. Ich meine etwas anderes, eine ganz neue Art der Bindung zwischen Mann und Frau, eine viel schönere, als sie die heutige Ehe ist. Es müßte eine Form des Zusammenlebens sein, wo keiner der Partner dem anderen bis zur Selbstaufgabe verpflichtet ist, es sei denn aus freien Stükken ..."

„O ja, ich weiß schon, was Sie meinen", fiel ich ihr ins Wort und ergänzte sie: „... die gegenseitige Respektierung der individuellen Freiräume beim Partner wäre innigster Liebesbeweis und sicherer Garant für die Haltbarkeit der Bindung, und zu ihrer Aufhebung dürften keinerlei Instanzenbeschlüsse notwendig sein, denn das würde sie unsicher machen, die Bindung, und die Partner immer wieder anregen, umeinander zu werben, und so weiter, und so fort ..."

Sie schüttelte verärgert den Kopf und fragte: „Warum nehmen Sie mich nicht ernst?"

„Ich nehme Sie ja ernst; aber das klingt alles so utopisch

– zumal aus dem Munde einer Frau. Außerdem sind es nur Bruchstücke einer Theorie."

„Mir geht es um keine Theorie. Ich will keine neue Heilslehre erfinden. Ich bin kein Philosoph. Ich bestehe nur auf meinem Recht, in Frage zu stellen, was mir für *mein* Leben untauglich erscheint. Werde ich eines Besseren belehrt, bin ich die letzte, die sich gegen sachliche Überzeugung sperrt."

„Institutionen in Frage zu stellen ist unüblich."

„Es nicht zu tun, wenn man meint, es zu müssen, ist charakterlos. Leute, die sich gegen eine innere Überzeugung an Gegebenheiten anpassen, nur weil das so üblich ist, sind mir zuwider."

„Sie gehen ja ganz schön ran", versuchte ich zu scherzen, aber sie blieb ernst und sagte: „Ich lebe nur einmal."

Wir gingen eine Weile schweigend. Schließlich sagte ich: „Dann dürften Sie ja auf den Mann, der Ihnen das Kind gemacht hat, gar nicht sauer sein – immerhin ist es heute noch weitgehend üblich, die Frau zu heiraten, die ein Kind von einem erwartet. Auf meine Frage heute morgen haben Sie aber ziemlich allergisch reagiert; ist es Ihnen vielleicht doch peinlich, eine alleinstehende Mutter zu sein?"

„Unsinn! Ich bin nicht sauer, daß es keine Hochzeit gegeben hat. Aber es hat mich gewurmt, daß er sich den miesen Argumenten seiner Eltern ergeben hat, daß er einfach abgehauen ist, als wäre das Kind nur so ein Versehen, für das man sich entschuldigt und bezahlt. Und wenn ich mich heute noch manchmal darüber ärgere, dann ist das bloß noch gekränkte Eitelkeit. Mit meinen Vorstellungen über das Zusammenleben mit einem Mann hat das nichts zu tun. Oder höchstens so viel, daß ich sie mit diesem kaum hätte realisieren können."

Ich weiß nicht genau, woran es lag, mein Freund, aber ich war plötzlich verstimmt. Vielleicht hatte ich doch nur an einen leichtsinnigen Flirt gedacht, als ich mich mit ihr verabredet hatte, daran, den Kopf für ein paar Stunden Herz abzuschalten. Vielleicht hatte ich geglaubt, das Mädchen denke ebenso, weil ich ein Flimmern in ihren Augen gesehen hatte. Und nun regte sich mit einem Mal jenes „Anti-Ich", das wir Gewissen nennen, führte ganz offensichtlich etwas gegen meine Unbeschwertheit im Schilde und drängte mir Gedanken auf, von denen ich glaubte, sie mir nicht machen zu müssen. Sie merkte das wohl, denn sie fragte: „So nachdenklich auf einmal? Haben meine Ansichten Sie schockiert?"

„Nein, nein, ich finde sie interessant, nur – vielleicht habe ich nicht damit gerechnet."

„Da hat man sich auf ein hübsches kleines Abenteuer eingerichtet, und plötzlich merkt man, daß die, mit der man es haben wollte, auch noch denken kann – Sie Armer."

Das war sehr ironisch, aber wie sie es sagte, kränkte es nicht. Ich protestierte dennoch: „Das ist ungerecht! Aber es stimmt, Sie gefallen mir sehr."

Das Mädchen (freilich war sie eine Frau, aber ich bleibe bei Mädchen) blieb vor einem großen Haus stehen und sagte: „Hier wohne ich."

Das Haus war eines von den alten Patrizierhäusern, deren Vorderfronten allenthalben wieder vorgerichtet worden sind, doch konnte man durch das offenstehende Tor sehen, daß sich dahinter ein schmutziger Hof verbarg, vielfach verschachtelt durch Anbauten, Schuppen und Ställe. Im Durchgang brannte eine trübe Lampe ohne Schirm, deren Zuleitungskabel unter dem abgebröckelten Putz hervorgetreten war. „Wenn das Tor zu wäre, sähe das Haus noch ganz gut aus", sagte ich. Sie lachte und sagte: „Na ja, wie man's nimmt; ich wohne im Hinterhaus." Wir gingen durch den Flur. „Dort oben", sagte sie und deutete auf zwei winzige Fenster im Obergeschoß des quer zur Straße gebauten

Hinterhauses, „außer uns wohnen noch zwei Familien auf demselben Flur. Kommen Sie, ich mach uns noch einen Kaffee. Aber leise! Hier schlafen alle mit offenen Ohren, und es wird ohnehin schon genug getratscht."

Es waren zwei niedrige Zimmer, mit schweren gebogenen Balken in der Decke. Das größere von beiden war durch einen Vorhang abgeteilt, hinter dem ihre Tochter schlief. Vor der Stoffwand stand ihr eigenes Bett, ein buntbemalter Bauernschrank und eine Staffelei mit einem angefangenen Kinderporträt. „Meine Tochter", sagte sie, als ich mir das Bild betrachtete, während sie im Nebenraum leise mit dem Kaffeegeschirr klimperte. „Sie heißt Susanne." Ich ging hinüber in das andere Zimmer und setzte mich ihr gegenüber in einen Sessel. Wir tranken Kaffee mit Weinbrand, und wenn ich sie über den Tassenrand ansah, meinte ich wieder jenes Flimmern auf dem Grund ihrer Augen zu sehen. Es machte mich nervös, weil ich den Wunsch verspürte, sie zu besitzen. Ich hätte es ihr sagen können, ihr konnte man so etwas sagen, ganz offen, glaube ich. Ich tat es nicht. Ich wollte auch nicht wieder an das Gespräch von der Straße anknüpfen. Ich sah weg von ihr, stellte meine Tasse ab, nestelte an meiner Uhr und sagte: „Dann werde ich mal aufbrechen, es ist schon zwölf, sicher müssen Sie morgen zeitig raus. Ich bedanke mich für den schönen Abend ... und für den Kaffee. Vielleicht sehen wir uns einmal wieder." Ich ging zur Tür. Sie hatte nichts gesagt. Als ich die Klinke drückte, merkte ich, daß sie hinter mir stand. Ich drehte mich um und sah wieder ihre Augen, die ohne Scheu auf mir ruhten, als sie sagte: „Bleib noch."

Ich ging am Morgen, noch bevor ihre Tochter erwacht war, und auch sie hat wohl kaum etwas gemerkt, als ich leise in meine Kleider schlüpfte. Das hört sich vielleicht an, als hätte ich mich davongestohlen. Aber nein! das stimmt nicht, mein Freund; ich wollte bloß keinen Abschied, verstehst Du das? Vielleicht war alles nur ein Zauber, ein Traum – ich weiß es nicht. Es war schön, das ist alles.

Bevor ich aus der Wohnung ging, schrieb ich ihr noch ein paar Verse auf einen Zettel, und ich verstehe jetzt, was Wosnessenski meint, wenn er sagt: „Ein Vers wird nicht geschrieben; er geschieht wie ein Gefühl, ein Sonnenuntergang."

Sei in Freundschaft gegrüßt denn bis auf weiteres!

Dein N.

Struth, am Abend des 2. 7. '77

Bester R.,

der Du, wie ich infolge einiger Gewißheit zu unterstellen mir erlaube, jetzt in irgendeiner Gaststätte ein starkgewürztes Abendbrot zu Dir nimmst (oder ist Dein Strohwitwerdasein schon Vergangenheit?), höre, was sich Wundersames zutrug, seit ich meinen letzten Brief versiegelte.

Da war zunächst der Abschied von Frau M., den zu vollziehen ich einige Mühe aufbringen mußte. Als ich nämlich nach Entrichtung meines Quartiergeldes mit einem höflich-dankbaren „Auf Wiedersehen" scheiden wollte, wurde ich Opfer eines Anfalles von Mitteilungsbedürfnis der alten Frau, welchen ich auch durch sichtbar verlegenes Nesteln an meinem Gepäck nicht wirksam zu dämpfen vermochte. Anlaß war ihre Empfehlung an einen Geschäftsbekannten in Worbis, den mit besten Grüßen von ihr aufzusuchen ich ja nicht versäumen sollte. Jener Mann, der etwa gleichen Alters sei wie sie, teile in vieler Hinsicht ihr eigenes Schicksal, erklärte sie und erzählte mir dann von ihrem vergangenen Reichtum, dem einstigen Geschäft und ihren weiten Reisen (die beiden meterlangen Schlangenhäute in meinem Zimmer hätte ich wohl gesehen). Alles sei dahin, nur ein paar Häuser habe sie noch, die zwar allesamt gut in Schuß seien, aber leider kaum etwas einbrächten – der verfluchte Fiskus! So ergab eine Erinnerung die nächste, alles mutete mich ein wenig schizophren an, weil schnell und durcheinander erzählt. Die Informationen überstürzten sich, und nur selten gelang es mir sogleich, die Kausalitäten beim übergangslosen Themenwechsel zu erfassen. Aber ich will nicht ungerecht sein, sicherlich war ihre Art sich mitzuteilen nur Ausdruck der Alterseinsamkeit, verbunden mit der steten Erinnerung an für sie bessere Tage. Mehr noch, ich bin ihr eigentlich dankbar, denn ihre Erzählung hat mir einen Eindruck vermittelt vom Charakterbild einer ganzen Menschengruppe, das, wie die Gegenstände, die mich in ihrer Wohnung umgaben, ein Sammelsurium ist von wohlhabender Kleinbürgerlichkeit und geschmacksarmer Halbbildung. Jener Charakter, der letztlich nur darauf bedacht ist zu raffen, das Geraffte aber teilweise auch dazu benutzt, der Aura tatsächlich gebildeter Zeitgenossen ein wenig teilhaftig zu werden, sie zumindest jedoch Kraft des Geldes nachzuäffen, wurde mir augenfällig wie auf einem alten Gemälde, und ich hätte beinahe amüsiert sein können, wüßte ich nicht, daß es von diesem Sujet noch immer moderne Bearbeitungen gibt.

Nach jener ungewollten Verzögerung also machte ich mich mit prallgefülltem Rucksack und der heiteren Gewißheit, das Abenteuer einer unorganisierten Fußwanderung über mehr als hundert Kilometer wohl zu bestehen, auf und verließ im herrlichsten Morgensonnenschein gen Westen die einstige Freie Reichsstadt Mülhusium. Zunächst wollte ich nach Effelder, welcher Ort mir empfohlen wurde wegen seiner sehenswerten Kirche, die auch der „Eichsfelder Dom“ genannt wird. Dorthin zu gelangen, blieb ich vorerst auf der Chaussee nach Eigenrieden, dem Dorf, das etwa in der Mitte der Strecke liegt, die am ersten Tage hinter mich zu bringen mein Vorhaben war. Schon eine Weile außerhalb der Stadt, wurde ich an das tragische Schicksal großer deutscher Dichter erinnert, als ich an einem ausgedehnten Gebäudekomplex vorbeikam, in welchem, wie ich entsprechenden Schildern entnehmen konnte, Seelenkranke verwahrt und behandelt werden. Und auch die Kinderzeit fiel mir ein, die ich beim Großvater in Erfurt verlebte – wenn ich mich gar zu albern aufführte, sagte er immer: „Wenn du so weitermachst, kommst du eines Tages nach Pfafferode!“ Und dieses Pfafferode mit seinem Klinikum passierte ich eben. Noch düstereren Assoziationen beim Anblick der psychiatrischen Anstalt vorzubeugen, kehrte ich ihr rasch den Rücken und schlug mich abseits der Chaussee in den sonnendurchwobenen Laubwald, wo mir bald wieder ersprießlichere Gedanken kamen und so meinen Fußmarsch trotz schweren Gepäcks zum reinen Vergnügen gedeihen ließen. Unter meinen Füßen raschelte und knackte es, denn häufig verlor sich der Weg unter Vorjahrslaub und dürren Zweigen. Überall in den Bäumen war das kleine Waldgetier emsig am Werk; es huschte, flog, zwitscherte und summte und war heiter wie der Morgen selbst. Wohl eine Stunde vor Eigenrieden erreichte ich ein Plateau, wo ich rastete und den herrlichen Blick über das weite Unstruttal hinüber zum Dün, einem jener bewaldeten Bergrücken des Eichsfeldes, genoß. Wie ist das doch alles ganz anders als in unserem Thüringer Wald – Du mußt Dir alles viel weitläufiger vorstellen. Die Abwechslungen für das Auge werden hier weniger von hoch und tief als von der unregelmäßigen Aufeinanderfolge von Feldern, Wiesen und Waldstücken auf langgestreckten Hügelketten bestimmt. Es gibt weniger plötzliche Überraschungen zu schauen, dafür aber eine nuancenreiche Harmonie; irgendwie scheint der Schöpfungsakt hier mehr von ökonomischen Erwägungen bestimmt gewesen zu sein, denn es fehlt die göttliche Verspieltheit, die unser Gebirge so anmutig hat gelingen lassen. – Ökonomische Erwägungen? Ich spüre, der Vergleich hat einen schweren Klumpfuß. Für die früheren Bewohner des Eichsfeldes, insonderheit des oberen, um Heiligenstadt, war es wohl eher ein Fluch, auf der öden Muschelkalkplatte am Nordwestrand des Thüringer Beckens geboren worden zu sein. Ob nun mit dem heiligen Bonifatius die Christianisierung hier begann oder später, die irdischen Hirten Gottes sahen im Eichsfeld schon seit alters ein bevorzugtes Weidegebiet – dennoch hungerten ihre Schafe, auch seit alters. Nahezu aussichtslos war der Kampf, der mageren Bodenkrume und dem rauhen Klima das Existenzminimum für die meist vielköpfige Familie abzuringen. Und sollten die Gebete der frommen Eichsfeldbauern um gutes Wetter in manchem Jahr erhört worden und die Ernte dann leidlich ausgefallen sein, so wollte das Kloster seinen Teil davon, der weltliche Landesherr, und wenn es einem in der Nähe ansässigen Ritter gefiel, so holte der sich den Rest aus Keller und Stall. So nimmt es nicht wunder, daß sie in Scharen auswanderten (besonders in späterer Zeit dann, zu Beginn des Kapitalismus); hinunter nach Duderstadt, im unteren Eichsfeld, das einst auch, seines trefflichen Anbaues wegen, die Goldene Mark geheißen wurde, wo Feldfrüchte, Flachs und Tabak reichlich gediehen. Aber die Sorge um das tägliche Brot trieb sie auch in die fruchtbaren Auen des Thüringer Beckens bis hinein nach Sachsen und wer weiß wohin noch, jedenfalls auch bis nach Amerika.

Eigenrieden ist ein sehr kleines Dorf, und da ich mich dort nicht aufhielt, kann ich davon nichts weiter berichten, als daß meine Passage neugierig beäugt wurde, welche teils staunenden, teils mißtrauischen Blicke natürlich bestens dazu angetan waren, mich Deiner Unkenrufe zu erinnern (wandern, heutzutage!?). Durch einen Wiesengrund schlängelt sich die schmale, von Obstbäumen gesäumte Straße hinüber

zum jenseitigen Hügel nach Struth, von dem ich annahm, daß es schon Effelder sei, weil die für ein Dorf ungewöhnlich große Kirche schon von ferne meine Blicke fesselte. Später dann, im Dorf, sah ich, daß die Kirche genau auf der Kuppe des Hügels erbaut worden war, womit der Eindruck von kathedralenhafter Erhabenheit, den ich von weitem hatte, seine Erklärung fand. Ich wollte die Kirche besichtigen, welcher Wunsch mir aber von einigen Malern unter Hinweis auf ihre Arbeiten im Inneren des Gotteshauses versagt wurde. Mit auffälliger Rührigkeit sorgt man sich hier um die Instandhaltung der Kirchen, und mir scheint, die seltsame und uns Fremden nicht recht verständliche Frömmigkeit der Eichsfelder findet auch darin einen markanten Ausdruck. Ich glaube, es ist dort nicht wie anderswo nur Sache des Pfarrers und einiger unermüdlicher, auf baldiges Seelenheil hoffender Weiblein, die Kulturstätten instand und schön zu halten; dort nimmt wohl die gesamte Gemeinde tätigen Anteil, und Christ sein bedeutet hier mehr als Kirchgang zu Ostern und Weihnachten. Aber warum? Ich bezweifle, daß meine Wanderung mir diese Frage erschöpfend wird beantworten können – dennoch will ich Augen und Ohren offenhalten.

Mittlerweile war es schon wieder recht heiß geworden (sicherlich lag die Dreißig-Grad-Grenze um einige Teilungen unterhalb des Quecksilbermeniskus), die Hitze lastete auf den Dächern der Fachwerkhäuser, und da sie zu dieser Zeit kaum jemand verließ oder betrat, sahen sie träge aus wie die Katzen, die vor mancher Schwelle schliefen. Ich beschloß einzukehren, um meinen weiteren Weg zu bedenken. Im Dorfkrug war ich nebst einem alten Mann und einigen Fliegen der einzige Gast, was mich zwar verwunderte, aber, da ich kein Freund von überfüllten und lauten Schenken bin, nichtsdestoweniger freute. Meiner Verwunderung wurde jedoch bald Erklärung, wie meiner frühen Freude Abbruch, als die Wirtin hereinkam und, nachdem sie mir die Tageszeit entboten, mich davon in Kenntnis setzte, daß sie keinen Tropfen Bieres habe, weder im Faß noch in Flaschen – zu lange währe schon die Hitze. Diese – im Verein mit dem defekten Kühlschrank – sei auch schuld, daß ich, wollte ich essen, mit einigen Spiegeleiern würde vorlieb nehmen müssen. Ich ließ mir also Spiegeleier braten und der Not gehorchend lauwarme Limonade servieren. Der Alte am Nachbartisch hatte, während ich aß, des öfteren zu mir herübergeschaut, dann stand er auf, was ihm offenbar Mühe bereitete, denn er mußte sich mit der einen Hand auf die Tischplatte, mit der anderen auf seinen Stock stützen, nahm sein Gläschen mit dem dunkelbraunen Schnaps und kam an meinen Tisch. „Tach", sagte er und setzte sich mir gegenüber. Er deutete auf mein Gepäck und fragte: „Wohl auf Wanderschaft?" – „Ja, ich will durchs Eichsfeld und dann zum Kyffhäuser." – „Mit 'm Moped?" – „Nein, zu Fuß." – „Zu Fuß?" fragte er und stellte sein Glas, das er eben hatte zum Mund führen wollen, wieder ab. „Zu Fuß – na, geht denn das heutzutage noch?" Ich überlegte, ob ich ihm mit überlegenem Brustton antworten oder mich naiv stellen sollte, und entschied mich um einer Fortführung des Gespräches willen für letztere Taktik. „Na sicher, warum sollte das denn nicht gehen?"

Jetzt trank der Alte seinen Bitterschnaps, wischte sich mit dem Handrücken den bis zur Unterlippe gewachsenen weißgrauen Schnurrbart, sah auf meinen Rucksack, zuckte die Schultern und sagte: „Ja freilich, warum sollte das eigentlich nicht gehen – nur etwas ungewöhnlich, wie?"

„Mag schon sein", antwortete ich, „aber mir macht es Spaß."

Er drehte sich um, nannte die Wirtin beim Vornamen und bedeutete ihr, sie möge sein Glas nachfüllen, für mich solle sie auch einen mitbringen. Ich fiel ihm ins Wort mit der Bitte, von jener Sympathiegeste Abstand zu nehmen, da es sehr heiß sei und ich überdies gleich weiter wolle, welcher Einwand aber seinerseits mit einer Handbewegung zur Wirtin für ungültig erklärt wurde, während er mir bestimmte: „Jetzt trinken wir einen zusammen, schließlich trifft man so was wie dich nicht alle Tage.“

Ich kam zunächst nicht dazu, zu fragen, was er damit meine, was ich denn für einer sei, der ihm wert wäre, schon nach fünfminütiger Bekanntschaft sein Gast zu sein, denn die Wirtin stand bereits mit einem neuen Glas und der Flasche in der Hand am Tisch, seiner Bestellung zu entsprechen. Dieses getan, begab sie sich wieder hinter die Theke und machte sich dort mit allerlei Kleinarbeiten zu schaffen, die wohl nicht so sehr einer Notwendigkeit als mehr dem Wunsche, Zeuge unserer weiteren Unterhaltung zu sein, bestimmt waren. Der Alte bot mir sein Glas zum Anstoßen, und wir gaben beide auf lateinisch dem Wunsche Ausdruck, daß es nutzen möge. Ich kippte das scharfe Getränk mit einem Zuge in mich, und obwohl ich vorhatte, meinen Spender hernach dankbar anzulächeln, gelang mir dies nicht sogleich, denn die Prozente des doppelten Boonekamp nahmen mir für einen Augenblick die Herrschaft über meine Gesichtsmuskeln.

„So, nun erzähl mal“, sagte der Alte, „wo kommst du denn her, wie?“ Er sprach Dialekt mit einem singenden Tonfall, trotzdem konnte ich ihn mühelos verstehen, denn hier im südlichen Eichsfeld ist der Einfluß der thüringisch-fränkischen Mundarten noch sehr stark, und es gibt kaum ohrenfällige Unterschiede zu der Sprache, die in den Dörfern unserer Heimat gesprochen wird. Im nördlich gelegenen Untereichsfeld würde mir die Verständigung mit der Landbevölkerung freilich schwerer fallen, denn zwischen dort und hier verläuft die Sprachgrenze zwischen Niederdeutsch und Oberdeutsch. Aber in diese Verlegenheit werde ich gewiß nicht kommen, denn der Verlauf der Sprachgrenze gleicht in dieser Gegend beinahe dem der Staatsgrenze.

Ich antwortete dem Mann, daß ich zu Fuß aus Mühlhausen käme, eigentlich aber aus dem Thüringer Wald stamme und, so Gott will, noch bis zum Kyffhäuser wandern wolle.

„So Gott will?“ fragte der Alte.

Ich verstand seine Frage nicht.

„Und wenn er nicht will?“ fragte er weiter.

Ich sah ihn groß an und sagte: „Na ja, ehm ...“

„Siehst du“, sagte er, „du sollst den Namen des Herrn, deines Gottes, nicht unnützlich führen! Das zweite Gebot.“

Er hatte mich mit erhobenem Zeigefinger belehrt, dann nickte er, um seine Rede zu unterstreichen, und sagte: „Jawohl!“

Wohl wissend, daß ich mich schon mitten im Eichsfeld befand, war ich dennoch verblüfft über des Alten Engagement; schließlich hatte ich meinen letzten Religionsunterricht vor zwanzig Jahren gehabt. Ich versicherte dem Alten schnell, daß mir Spott völlig ferngelegen habe, da wir nun aber einmal bei der Sache wären, könnte er mir doch noch etwas mehr erzählen über die in unserem Land immerhin nicht allerorten so wie hier anzutreffende Lebendigkeit religiöser Traditionen und Betätigung.

„Das war schon immer so hier“, sagte der Alte, „für uns Eichsfelder ist die Gegenwart Gottes eine Selbstverständlichkeit. Du wirst es sehen, wenn du weiter hinauf kommst, durch die Dörfer bis nach Heiligenstadt. Du wirst Kapellen sehen und Kirchen und überall die hohen Flurkreuze, die über Wiesen und Äcker ragen und in deren Zeichen die Feldarbeit getan wird.“

„Mit Maschinen und Traktoren der LPG“, warf ich ein.

Der Alte lachte. „Na und? Macht euch die Erde untertan,

heißt es in der Schrift. Heute hat es der Eichsfelder Bauer endlich leichter. Das ist die Gerechtigkeit des Herrn."

Nun war dies sicherlich keine erschöpfende Auskunft über den eichsfeldischen Katholizismus, aber mir gefiel die souveräne Leichtigkeit, mit der der Alte über seinen Glauben sprach und die ihn so sympathisch abhob von unfehlbarkeitsbesessenen ideologischen Eiferern. Überdies hatte ich meiner Neugier auch nicht eben in geschickter Weise Ausdruck verliehen, als ich den Mann fragte: ‚Warum ist man noch heute im Eichsfeld so religiös?' Aber wie fragt man nach einer absonderlichen, so gar nicht zeitgemäßen Erscheinung?

Eine absonderliche Erscheinung – ja, das war es auch schon damals für mich, als wir noch gemeinsam mit Kommilitonen aus dem Eichsfeld die Hörsaalbänke der Alma mater Jenensis drückten (Du erinnerst Dich doch noch an Schrubber und Elmar?). Wie wir waren sie nicht etwa in Bayern aufgewachsen, hatten wie wir eine durchaus atheistische Schulbildung hinter sich, und dennoch war es, als wären sie anders als wir, als umgäbe sie ein Geheimnis, als wüßten sie von Dingen, die uns auf immer verborgen bleiben würden. Freilich erfuhren wir mit der Zeit, daß es durchaus erklärbare Umstände waren, die uns die Heiligenstädter, Worbiser und Leinefelder Kommilitonen so anders erscheinen ließen, und deren gewichtigster war eben ihre Herkunft aus dem katholischen Eichsfeld. Aus jener Region, wo auch heute noch an den Ortseingängen der Dörfer große Kruzifixe stehen, wo zu Fronleichnam wie ehedem lange Prozessionen mit Heiligenbildern, Weihrauch und frommen Gesängen durch die Wiesen ziehen, wo sich am Himmelfahrtstag alljährlich Zehntausende Männer im Klüschen Hagis bei Wachstedt zur Männerwallfahrt treffen und wo der Pfarrer immer noch zu den einflußreichen Personen in der Gemeinde zählt. Dies alles ließ mir die

Heimat jener Studienkollegen schon damals interessant erscheinen wie eine exotische Enklave. (Freilich merkten wir auch rasch, wie ehrlich es manche von ihnen tatsächlich hielten mit ihrer Religion: Am Nachmittag rasch weg aus der Kneipe, zur Messe oder Beichte, dann zurück an den Biertisch, und am Abend ein wohlfeiles Mägdlein im Bett, über dem ein Kruzifix hing.)

Und nun war ich hier, saß einem alten Eichsfelder gegenüber und hörte von ihm, daß die Gegenwart Gottes eine Selbstverständlichkeit sei für die Eichsfelder. Da war nichts mehr von Exotik, und die heitere Gewißheit in der Stimme des Alten machte, daß ich es für einen Augenblick beinahe normal fand, an der einen Wand der Gaststätte das Bild eines Staatsmannes und an einer anderen ein hölzernes Kreuz hängen zu sehen. Der Alte war meinen Blicken gefolgt, und vielleicht hatte er auch meine Gedanken erraten, jedenfalls fragte er mich: „Findest wohl, das beißt sich, wie? Bei uns nicht." Und mit dem unschuldigsten Gesicht von der Welt fügte er hinzu: „Die Bilder werden ja immer mal gewechselt." Ich hätte ihm erwidern können, daß auch das Kreuz eines Tages nurmehr im Museum würde zu sehen sein, da ich aber überhaupt keinen Sinn darin sah, einen alten Mann durch meine Skepsis zu verärgern, unterließ ich es.

Vielleicht erinnerst Du Dich jetzt, lieber R., genau wie ich, an unsere gemeinsame Reise nach Poznań. Ja, es stimmt, wir saßen am Stary Rynek und diskutierten stundenlang eben jene Erscheinung, die dort im Nachbarland augenfällig wird wie kaum anderswo. Und ich wette, auch Du erinnerst Dich genau jetzt an unseren polnischen Freund Janek, der als Kommunist im illegalen Widerstand gekämpft hatte und sich dennoch bekreuzigte, als er uns die Poznańer Kathedrale zeigte. Damals hattest Du heimlich gespottet: ‚Der Realitätsmüde befriedigt sein verborgenes metaphysisches Bedürfnis.' Mag sein, daß dies für Janek, den Großstädter, tatsächlich zutraf; hier im ländlichen Eichsfeld, wo die Menschen seit ewigen Zeiten mit und von der Natur leben, würdest Du differenzierter urteilen müssen. Schon gut, Dein Einwand hat mein Ohr erreicht! Freilich hat sich vieles verändert im Eichsfeld, freilich sind die Zeiten, da hier ein ewiges Notstandsgebiet, das „Armenhaus Preußens" war, längst (spätestens seit dem Eichsfeldplan der SED von 1959) vorbei – aber ein städtisch-industrielles Ballungszentrum ist es auch heute noch nicht, und um der seltenen Landschaft willen wage ich den Wunsch, daß es dies auch niemals werden möge. ‚Und dennoch gehen die Leute im Eichsfeld mehr als sonstwo in die Kirche?' höre ich Dich fragen, ‚obwohl sie seit über dreißig Jahren mannigfaltig Möglichkeit haben, sich hinieden das Himmelreich zu bauen?' Laß ab, mein Freund! Was sind schon drei Dezennien? Eine lächerlich kurze Zeit für einen Landstrich, dessen religiöse Traditionen auf den Schlachtfeldern von Reformation und Gegenreformation entstanden. Wie nehmen sich schon drei Dezennien progressiver Entwicklung in der Waagschale der Geschichte aus, wenn in der anderen Jahrhunderte politisch-ökonomischer Stagnation lasten? Meinst Du, mit heutigen Mitteln ließe sich Rom an einem Tage erbauen? Vielleicht – aber wie sähe es hinterher aus?

Lieber R., ich kann Deine Ungeduld regelrecht spüren. Du hast recht, Meditationen gehören eher in Tagebücher denn in Reisebriefe. Vorangegangene jedoch nötigen sich dem interessierten Fremden hier auf Schritt und Tritt auf, und wozu wären Reisen nütze, würden sie den Reisenden nur aus seinem gewohnten Lebens- und nicht auch Gedankenbereich führen? Nun gut, Dir als vom Zaumzeug der Alltagsverpflichtungen Zuhausegehaltenem steht es zu, Konkretes von meiner Wanderung zu erfahren, und so will ich denn suchen, Dich durch Fortbericht von *Passiertem* ein wenig zu zerstreuen.

Der alte Mann, der in so freundlicher Weise mich zum Schnapse geladen, verzieh mir ohne Umschweife meine semantischen Leichtfertigkeiten vom Anfang unserer Unterhaltung und schickte sich an, mich mit jener selbstgerechten Neugier auszuhorchen, die den Menschen vom Lande, insonderheit den alten, eigen ist, und die, weil sie mit der baren Münze der eigenen Mitteilsamkeit den Befragten immer zu entschädigen sucht, mir von jeher sympathisch war. So gab es sich, daß ich im Wohlgefühl zeitlicher Ungebundenheit mit dem Alten Mittag und Nachmittag verschwätzte, ungeachtet meines Vorhabens, heute noch Effelder zu erreichen. Jenes kam mir erst wieder in den Sinn, als sich die Schenke zur Vesperzeit allmählich füllte (übrigens hatte die Brauerei unterdessen geliefert) und Bacchus mit meiner und des Alten Zunge schon allerlei Allotria trieb. (Was den sündhaften Genuß von berauschenden Getränken betraf, hatte sich der Alte womöglich im voraus eine Dauerabsolution für den Rest seiner Tage erwirkt.) Die Wirtin hatte diese Entwicklung eher mit Vergnügen denn aus pragmatischem Geschäftsinteresse durch behende Bedienung gefördert, sah sich aber, als Frau und Mutter, nunmehr offenbar bemüßigt, den fremden Wanderer eindringlich darauf aufmerksam zu machen, daß er, wenn er heute nicht mehr weiterwolle, sich wohl bald um ein Nachtquartier bekümmern müsse. Ich weiß nicht, ob sie jene Äußerung mit wohlerwogenem Vorbedacht gemacht hatte, jedenfalls sprang, noch ehe mein halbernüchtertes Erschrecken ihr recht geben konnte, der Alte darauf ein: „Der Wanderbursch kann doch zur Nacht bei mir bleiben, wie? Ich bin sowieso allein. Freilich nur, wenn er will.“ Die Worte des letzten Satzes verkrochen sich, da nur gebrammelt, im drahtigen Gefilz seines Bartes, harrten dort gut gedeckt meines Widerspruches und schienen ihn doch gleichsam nicht zu erwarten. Meine Zwangslage bedenkend und mehr noch, weil ich dem Alten schon recht gut war, begab ich mich der uns Thüringern so penetrant eigenen, meist beleidigend schlecht gespielten Bescheidenheit und nahm sein Angebot mit Dankesworten an.

Nun, lieber R., alles weitere ist von minderem Belang, nur dieses noch, daß des Alten Angebot nicht nur von Gastfreundschaft geleitet war, sondern wohl auch noch anderen Erwägungen. Solchen nämlich, daß ihn die Einsamkeit plagte, weil er allein in einem dieser niedrigen, aber von jahrhundertealter Zimmermannstradition sprechenden Häuschen wohnt. Allein, weil seine Frau nun dort ist, wo er eigentlich längst sein müßte, wäre er kein Sonderfall der Statistik; allein, weil auch sein Jüngster ihm vor zwei Monaten, vor Freude beinahe berstend, verkündet hatte, daß er nun endlich in der Stadt Wohnung gefunden habe. So konnte ich also wählen zwischen den Zimmern der verlorenen Söhne und entschied mich für das des zuletzt gegangenen. Doch eh ich in dem bauschigen Federbett, in das ich mich, kaum allein, hatte fallen lassen, bierselig entschlief, sah ich mir gegenüber auf grob gezimmertem Bord einige Bücher stehen. Ich griff, das obige Geständnis mag als Entschuldigung dienen, wahllos zu und öffnete den abgegriffenen braunen Deckel eines Buches von C. Duval: „Romantische Beschreibung des Eichsfeldes“. Ein guter Griff, meinst Du, geführt mit der Sicherheit des Somnambulen? Vielleicht, doch höre, was ich auf Seite eins fand, höre die holprig-traurigen Verse jenes Nordhäuser Hauslehrers, der allerlei volkstümelnde Büchlein geschrieben hat, wovon er aber, weil er „wirklichkeitsfremd im praktischen Leben stand“, nicht existieren konnte, und der deshalb, bevor er im Jahre 1853 starb, einen Berufsstand wählte, dem Heinrich Heine im zwölften Kapitel seines Werkes „Ideen – Das Buch Le Grand“ ein würdiges Denkmal gesetzt hat:

Von allen Länderstrichen
In unserm Vaterland
Ist nur allein das Eichsfeld
Fast gar noch nicht bekannt;
Und mancher mag wohl denken:
Es wäre auch lächerlich,
Wenn man besingen wollte
So arg verschrie'nen Strich!

Nun, über Dichtung brauchen wir uns, das vorausgegangene Zitat betreffend, wohl nicht unterhalten, aber es macht doch recht einsichtig, warum der gute Carl Duval als Berufsschriftsteller nicht leben konnte und also Zensurbeamter werden mußte. Warum denkst Du jetzt an Herrn Sch., lieber Freund?

Na schön, zunächst mag meine Feder eine Weile ruhn. Leb wohl für heute!

Dein N.

Im Luttergrund, am 3. 7.

Lieber R.!

Ich hatte eine Nacht tiefen und traumlosen Schlafes, aus dem mich der Hausherr gegen sechs Uhr am Morgen mit lautem Ruf und energischem Rütteln erweckte. Von der Dorfstraße herauf drang schon längst der Lärm emsiger Landarbeit in die niedrige Stube, und das Dröhnen der vorüberfahrenden Kombines prallte schmerzend gegen mein vom Weingeist des Vortages arg zugerichtetes Sensorium. Über Nacht hatte sich das possierliche Äffchen in einen über die Maßen bärbeißigen Kater verwandelt, der nun in meinem Nacken saß und von Mal zu Mal diabolische Veitstänze auf meiner Schädeldecke vollführte. Dies zu dulden war ich nicht lange gewillt, und da Katzentiere im allgemeinen sehr wasserscheu sind, befolgte ich umgehend den Rat des Alten, unter der Pumpe auf dem Hof ein morgendliches Bad zu nehmen. Prustend und schnaubend hatte ich mich des Quälgeistes rasch entledigt, während der Alte im Garten hinter dem Hause bereits das Frühstück richtete. Dort saß ich dann, erfrischt, die angenehme Wärme der Morgensonne im Rücken und vor mir einen Teller aus ländlicher Keramik, von dem ein verführerisch nach Speck und Rührei duftender Dampf aufstieg. Vom Himmel über dem Hof scholl das grelle Kreischen der Schwalben, und alles fügte sich in angenehmer Art zu einem verheißungsvollen Tagbeginn. Der Alte nötigte mich freundlich, bei Milch und Brot tüchtig zuzulangen; er selbst hatte schon gefrühstückt und schmauchte nun genüßlich die Morgenpfeife. Während ich aß, gab er Ratschläge für meine weitere Tour und erzählte noch allerlei Einzelheiten aus der Geschichte des Eichsfeldes, in der er sich bestens auskannte. Er wußte von Kriegen und Raubzügen zu berichten, die das Eichsfeld verwüstet hatten, von Pestjahren, die es beinahe entvölkert hätten, vom „schwarzen Daniel“, einem Mönch, der nach Müntzers Niederlage grausame Rache an den Eichsfeldbauern nahm, von Unwettern, die immer wieder die dürftige Ernte vernichteten, davon, daß im siebzehnten Jahrhundert das Branntweintrinken während der Predigt mit zwölf Groschen bestraft wurde, von den großen Bränden in Heiligenstadt, von zigtausend Hauswebern, die infolge des technischen Fortschritts brotlos wurden, und von – Goethe. Ei freilich, der Herr Geheimrat war natürlich auch im Eichsfeld. Eigentlich wollte er es nur passieren, aber dem Dingelstädter Pflaster fiel ein Wagenrad zum Opfer ... Und so entstand denn dort das Gedicht „Zueignung“, das aber längst nicht so berühmt wurde wie ein anderes, das mittelbar auch mit dem Eichsfeld zusammenhängt: „Das Heideröslein“. Mehr als achtzig Komponisten haben dieses Lied vertont, aber keine Komposition hat das Herz des Volkes so gewonnen wie die Melodie Heinrich Werners, eines Eichsfelders, der im Jahre 1800 in dem kleinen Dorfe Kirchohmfeld geboren wurde und, kaum dreiunddreißig Jahre alt, in Braunschweig starb. – So verbrachte ich noch über eine Stunde in der Gesellschaft des gastfreundlichen Mannes und verabschiedete mich dann mit dem Versprechen, ihn ganz bestimmt zu besuchen, würde mein Weg wieder einmal in die Gegend führen. Indes er mir den Rucksack auf die Schultern hob, riet er mir, beim Durchwandern der Eichsfelddörfer vorzüglich auch auf die schönen Dorfanger zu achten, und begleitete mich dann zu der Straße vor seinem Haus, wo er, noch einige Male winkend, stehenblieb, bis ich hinter einer Wegbiegung verschwunden war.

Die Straße nach Effelder stieg sachte bergan und erreichte bald eine Hochebene, auf der die ungewöhnliche Hitze die Wiesen und Felder erbarmungslos verbrannt hatte. Da ich in nordwestlicher Richtung wanderte, hatte ich die Sonne im Rücken, und auch eine leichte Brise machte mir das Gehen erträglich. Obwohl nur untergeordneten Ranges, war die Chaussee wohlerhalten; dennoch störte kaum ein Fahrzeug meine Gedanken. Oft blieb ich stehen, um die Weitblicke über das herrliche Panorama zu genießen. Und wenn ich Dir sage, daß man zu beiden Seiten der Straße von Struth nach Effelder auf überaus *holdes* Land schaut, so brauchst Du meine Verzückung nicht zu belächeln, auch wenn ich meine Freude in Worte kleide, die längst unter die hölzernen Räder der Zeitungssprache gekommen sind. Ich war etwa eine Stunde unterwegs, als ich weit vor mir durch das grünstaubige Tor zweier die Straße säumender Bäume am Horizont den Turm des „Eichsfelder Domes“ erblickte. Nun, ich berichtete Dir ja schon, welchen Eindruck die Struther Kirche von ferne auf mich machte – der heutige war der gleiche, mit dem Unterschied freilich, daß ich gewiß war, diesmal tatsächlich jenen „Dom“ vor mir zu haben. Ich ging nun etwas rascher, und die Reize des geschilderten Belvederes wurden mehr und mehr verdrängt von der Neugier, die ich jetzt auf das Bauwerk hatte. Je näher ich kam, desto gespannter suchten meine Blicke nach baukünstlerischen Augenfälligkeiten. Vom Dorfeingang bis zur Kirche waren es nur wenige Schritte, und als ich endlich davorstand, erlebte ich die Enttäuschung dessen, der sich durch fremder Zunge Lobgesang zu falschen Vorstellungen hat verführen lassen. Zweifellos ist das Gotteshaus für ein Dorf von der Größe Effelders unverhältnismäßig stattlich (das sind ja viele Kirchen hier), aber unter einem *Dom* mag ich dennoch etwas Erhabeneres verstanden wissen. Nun wirst Du möglicherweise stehenden Fußes nach Deinem Brockhaus greifen, unter Dom nachlesen und mir einwenden, daß ich diesen Begriff nicht notwendig mit „architektonisch besonders erhabener Kirchenbau“ übersetzen müsse, weil es da nämlich noch andere Bedeutungen gibt: Bischofskirche, Hauptkirche etc. Dein Hinweis ist schon rechtens, mein Lieber, aber ich hatte mich eben durch enthusiastische Empfehlungen falsch orientieren lassen und war nun, da ich etwas aus der Phalanx der großen thüringischen Bauwerke erwartet hatte (zu denen ich die Dome von Erfurt und Naumburg beispielsweise zähle), nachträglich zu keiner Mäßigung meiner Vision mehr fähig. Von solcher Beschneidung eines Hirnbildes zu sprechen wäre ohnehin unlogisch, da man eine Vorstellung, wenn sie von realer Anschauung relativiert, also keine mehr ist, schlechterdings auch nicht korrigieren kann.

Es ist also eine große Kirche, von außen ohne besonderen architektonischen Reiz, womit ich Dir sagen will, daß ich an ihren Mauern nichts finden konnte, was als unverwechselbarer Duktus ihres Erbauers mich für jenen sofort hätte einnehmen können. Auch blieb es mir versagt, irgendeines der bekannten Merkmale zu finden, über welches ich mir auf die Entstehungszeit der Kirche einen sicheren Schluß hätte erlauben können (die gotischen Fenster und Bögen könnten immerhin auch „neo“ sein); jedenfalls scheint sie noch relativ jung. So ging ich denn mehrere Male um das Bauwerk, ohne, wie sonst in solchem Fall, hier und da verzückt stehen bleiben zu müssen, und betrat schließlich den Innenraum durch das turmseitige Hauptportal, unter dem der Hügel, auf dem die Kirche erbaut ist, jäh abfällt. (Vielleicht ist es diese exponierte Stellung in der Landschaft, die der Kirche den Namen „Eichsfelder Dom“ gegeben hat – sie soll im übrigen von allen Höhen des Eichsfeldes aus zu sehen sein.) Stille, Kirchengeruch und wohltuende Kühle umfingen mich. Durch eine zweite, aus großen, in metallene Rahmen gefaßte Glasscheiben hergestellte Tür betrat ich das Kirchenschiff. Ich war allein, konnte mich also unbefangen umsehen, ohne Gefahr zu laufen, eines Gläubigen Gebet zu stören oder einen Fauxpas gegen ein mir ungeläufiges Ritual zu begehen. Um es geradeheraus zu sagen: Es ging mir drinnen wie draußen. Bitte mißversteh mich nicht! Du darfst Dir ohne Einschränkung einen gediegen ausgestatteten Tempel vorstellen, aber eben nüchtern-zweckbestimmt, womit Geschmack und Feingefühl keineswegs in Frage gestellt sind. Nur von dem allgewaltigen Fluidum, das uns beim Betreten altehrwürdiger Dome sogleich in seinen Bann schlägt, vermochte ich in keiner Faser meiner erwartungsgespannten Sinne etwas zu spüren. Was mir dennoch sehr gefiel, waren die Passionsdarstellungen an den Wänden der dreischiffigen Kirche. Es sind dies etwa achtzig Zentimeter im Quadrat messende, farbig glasierte Keramikreliefs eines Münchner Bildhauers. Gerade die kräftige, aber keineswegs grelle Farbigkeit macht den Reiz dieser künstlerischen Bibelmeditation aus. Die „Poesie des Schmerzes“, die Heine an Kirchenskulpturen oft vermißte, kommt durch die diesseitsnahe Wahl des künstlerischen Ausdrucks den Betrachter recht eigentümlich an. Ansonsten ist der „Eichsfelder Dom“ eben eine katholische Kirche, an und unter deren Kupferdach man anschaulich ablesen kann, bei welcher christlichen Konfession außer religiösen auch noch ökonomische Potenzen liegen. – Ich hatte den Kirchenbesuch bis gegen zwei Uhr ausgedehnt und um des sicherlich sehr reizvollen Rundblickes wegen den Turm zu besteigen versucht, was mir aber in halber Höhe von einer verschlossenen Tür versagt wurde. So verließ ich den heiligen Ort, um mich nach weltlicheren Dingen umzusehen, von welchen mir ein warmes Mittagessen das im Augenblick Erstrebenswerteste zu sein schien. Der Ort ist nicht so groß, daß ich lange nach einer Gaststätte hätte suchen müssen, doch nutzte mir dies zunächst wenig, da die schnell gefundene Futterkrippe mit dem an der Tür handschriftlich angebrachten Vermerk *Alle Getränke ausverkauft* geschlossen war. Ich hatte dennoch Glück, denn die alte Frau, die auf mein Klopfen hin geöffnet hatte, ließ mich ein, als ich ihr sagte, daß es mir auf ein Mittagessen ankäme und ich an Getränken auch mit Kaffee oder Tee vorliebnähme. Sie führte mich in den Gastraum, und schon nach einer Viertelstunde wurde ich mit Bratkartoffeln, Sülze und einem erfrischenden Salat vorzüglich bedient. Nach dem Essen brachte sie noch Kaffee und setzte sich zu mir. Nun, es gab die üblichen Fragen und Ausrufe. „Ach herrje, bis zum Kyffhäuser!“ Aber als ich sie fragte, ob sie nicht ein Nachtquartier in Effelder wisse, sagte sie: „Nein. Und da werden Sie wohl auch anderswo im Ort kaum Glück haben.“ Nun, wie Du weißt, bin ich auch darauf eingerichtet, im Freien zu nächtigen – nur Bett bleibt eben Bett; drum fragte ich die Schankwirtin, ob sie vielleicht in der Umgebung eine Möglichkeit wüßte, wo ich mich einquartieren könnte. Schließlich war der Tag noch jung, und es gab keinen Grund, der mich bestimmt hätte, ausgerechnet in Effelder zu übernachten. Hierauf wußte die Frau sogleich einige Vorschläge zu machen. Nicht weit vom Ort sei der Luttergrund, dort stünde ein Erholungsheim. Wenn ich aber, was zu befürchten sei, dort nicht eingelassen würde, dann wäre wenige hundert Meter weiter ein großer Zeltplatz – dort ließe sich bestimmt etwas machen auch ohne Zelt im Gepäck. Na, und schließlich könnte ich, wenn ich es mir zutraute, noch fünfzehn Kilometer zu wandern, über den „Westerwald" nach Martinfeld gehen – dort wäre eine Jugendherberge. Ich dankte der Frau für ihre Ratschläge, entrichtete den Obolus für das Essen und machte mich auf den Weg zum Luttergrund, durch den ich ohnehin mußte, ob ich nun heute noch nach Martinfeld käme oder nicht. Der Weg dorthin war von großem Reiz. Die schattige Straße führte in einer Kerbe steil hinunter zur Talsohle am Fuße des Westerwaldes, womit nicht etwa das Gebirge zwischen Rhein, Sieg und Lahn gemeint ist, sondern ein stattlicher, mit herrlichem Laubwald bewachsener Berg, der, ich weiß nicht welcher Gemeinsamkeit wegen, denselben Namen trägt wie jene westdeutsche Landschaft. Im Wiesengrund fand ich gleich das Erholungsheim, ein großes weißes Haus mit weitläufigen Garten- und Terrassenanlagen. Der Parkplatz vor dem Heim war von nur einem Auto bestellt, was mir eine gewisse Zuversicht gab, über Nacht hierbleiben zu können. Diese Seifenblase zerplatzte aber sogleich, als ich mit meinem Begehr bei einer Mitarbeiterin des Heimes vorstellig wurde. Die Frau schien geradezu ein wenig entrüstet, daß es ein vorbeiziehender Vagant hatte wagen können, in ihrem Hause um Nachtquartier anzuhalten. Also, das ginge auf keinen Fall, im übrigen seien sie sowieso vollständig belegt. Da stand ich nun – ratlos und fünfzehn Kilometer vor der nächsten Jugendherberge. Bevor ich aufgab, wagte ich noch einen Vorstoß, indem ich der Frau erzählte, ohne von ihr um diese Auskünfte gebeten worden zu sein, woher ich käme und welch weiten Weg ich noch vor mir hätte. Dabei bemühte ich mich redlich wie ein Pfau, Bewunderung zu erlangen, um möglicherweise doch noch mit einem Nachtlager honoriert zu werden. Weit gefehlt, wenn Du meinst, ich hätte sie von der Exklusivität des Augenblickes überzeugen können – eher hatte ich den Eindruck, der guten Frau lästig zu werden wie ein Hausierer, dem man schließlich ein Almosen gibt, damit er einen mit seinem Krimskrams in Frieden läßt (dabei war das Hausierengehen auf dem Eichsfeld einst einer der meistgeübten Berufe). Ihr Almosen für mich war der Rat, ich solle es doch mal auf dem benachbarten Zeltplatz versuchen – manchmal würden da auch Zelte verliehen.

Na, was soll's! Ich verließ also die hehre Stätte voll Demut und Schuldgefühl, sie durch mein ordinäres Ansinnen möglicherweise geschändet zu haben, und trottete gemächlich von dannen. Entlang an einem vom Hitzetod bedrohten Zufluß der Lutter, jenem Flüßchen, das beim nahen Dorf Großbartloff entspringt, einstmals viele Mühlen betrieben hat und wie viele Bäche dieser Gegend seine Wasser auf manchem Umweg schließlich zur dann schon im anderen Lande fließenden Werra bringt, brauchte ich nicht lange nach dem Zeltplatz zu suchen. Sollte ich hier auch abgewiesen werden, dann könnte ich, um Wegverfehlungen zu vermeiden, den Platzwart mindestens um eine genaue Beschreibung der Pfade über den Westerwald bitten, denn Martinfeld mit der Jugendherberge lag jenseitig.

Höre nun die Personenbeschreibung eines Mannes, der schon jetzt, zwei Stunden nachdem ich ihn traf, einen festen Platz in der Reihe meiner sympathischsten Bekannten hat. Ich wurde auf meine Frage nach dem Zeltplatzwart an einen mittelalten Mann verwiesen, dem der ergraute Brustpelz aus dem geöffneten Hemde quoll und dessen Hosengurt vor der offenbar schwer lösbaren Aufgabe stand, genau auf dem

Äquator des stattlich gewölbten Bauches festzusitzen. Der Mann war, angefangen bei dem gütigen Gesicht über die in den Taschen versenkten Hände bis hinunter zu den ausgetretenen Turnschuhen, die inkarnierte Ruhe, welche Erscheinung als Behäbigkeit zu verstehen aber sehr verfehlt wäre, denn aus seinen Augen musterte mich ein wacher und tiefsinniger Blick, als ich ihm meine Situation erläuterte. Ich weiß nicht, was mich davon abhielt, jedenfalls fragte ich gar nicht erst nach einem Zeltverleih, sondern stracks nach der Möglichkeit, den Ort Martinfeld und somit die Jugendherberge noch vor der Dunkelheit zu erreichen, da ich, bis jetzt noch ohne Nachtquartier, mich in erheblicher Schwierigkeit sähe. Zunächst sagte er eine Weile nichts, betrachtete mich und sagte wieder nichts. Nach einem weiteren Zeitstrich sagte er „Hm ..." und fragte dann, ohne auf meinen Informationswunsch weiter einzugehen, was ich bei mir hätte. Ich gab zur Antwort, daß dies nicht mehr sei, als ein Wanderer brauche, zuzüglich einer Wolldecke für den sogenannten und jetzt beträchtlich nahen Fall der Fälle. Das reiche, sagte er, denn dann könne ich mir den noch ziemlich weiten Weg in die – wahrscheinlich ohnehin überfüllte – Jugendherberge sparen. Wenn ich mit einem Dach über dem Kopf und einer Luftmatratze für die Nacht vorliebnehmen würde, dann habe er ein Quartier für mich. Kurz und gut, so wurde mir ein leerstehender, weil noch im Rohbau befindlicher Bungalow nebst Luftmatratze als unverhofft bequemes Nachtquartier zuteil, und ich hatte für diesen Service fünfzig Pfennige Gebühr zu berappen.

Vielleicht erinnerst Du Dich noch an unser Telefongespräch von neulich – besonders daran, daß ich Dir dabei höchst empört von jenem als Tankwart verkleideten Beutelschneider erzählte, der mir unlängst zwanzig Liter Waschbenzin in den Tank meines Autos gegossen und sich diese „Hilfeleistung" unter gemeinster Ausnutzung meiner Notlage mit dem Preis für VK 88 hatte bezahlen lassen? Wenn ich mich recht entsinne, beschränkte sich Deine Anteilnahme an meinem Geschick seinerzeit auf den sarkastischen Trost: „Nimm's leicht, mein Bester – die Menschheit ist halt schlecht." Nun, lieber R., hier hast Du die Möglichkeit, Dein Pauschalurteil zu revidieren.

Würde ich durch die Angabe der Zeit, zu der die einzelnen Passagen meiner Berichte entstehen, den Briefen Zäsuren antun, dann hätte eben wieder eine stehen müssen, denn seit meiner Aufforderung, Du möchtest Dein Menschenbild differenzieren, sind mittlerweile über zwei Stunden vergangen, die ich zur Erledigung von allerlei Notwendigkeiten nutzte: Waschen, Filmwechseln, Abendessen et cetera. Auch gab es unterdessen eine ziemliche Aufregung hier, verursacht durch einen Spaziergänger, der vorgab, im Wald ein Feuer gesehen zu haben. Als in Windeseile die Feuerwehrleute der umliegenden Ortschaften herbeigefahren waren, stellte sich das Ganze als blinder Alarm heraus. Kaum auszudenken, was bei der nun schon Wochen währenden Trockenheit geschehen wäre, hätte der Feuer meldende Spaziergänger, der sich entweder einen üblen Schabernack erlaubt hatte oder von einer Halluzination genarrt worden war, tatsächlich recht gehabt. Der Zeltwart hatte sich bei dem ganzen Aufruhr nicht in Hektik bringen lassen; rasch und besonnen hatte er die notwendigen Anweisungen gegeben. Erst nach dem Zwischenfall sah ich ihn in heftigem Gespräch mit einem der zu Hilfe geeilten Männer, weil ihm der wohl vorgeworfen hatte, es versäumt zu haben, die Personalien des Mannes aufzunehmen, von dem die Meldung stammte. Sein Argument, er habe es für wichtiger gehalten, zunächst die Feuerwehr zu alarmieren, war dabei durchaus überzeugend. Daß der Fremde sich unterdessen einer Befragung entzogen hatte, war natürlich fatal, aber immerhin noch das kleinere Übel. Gleichviel – nach einiger Zeit hatten sich die Gemüter beruhigt, und auch die Bewohner des Zeltplatzes gingen wieder ihren abendlichen Verrichtungen nach. Hier und da wurde vor einem Zelt noch über den Vorfall geredet, das Wenn und Aber erwogen, doch schließlich war das Thema erschöpft, und mit der herabsinkenden Dämmerung wurde es ruhig auf dem Zeltplatz. Nur einmal noch ratterte eine Eisenbahn im Hintergrund durch den Wald. Dort entlang führt die Nebenstrecke von Dingelstädt nach Geismar an die Westgrenze des Eichsfeldes und unseres Landes. Dann war bloß noch das Plätschern der Quelle zu hören, das Kichern von Kindern, die nicht einschlafen wollten, und vom Ende des Platzes her Gitarrenmusik, zu der eine Gruppe junger Leute leise Lieder sang. Dann wurde es still, so still, daß ich in mich hineinlauschen konnte, wo ich allerlei hübsche Töne vernahm, die ich nun noch rasch meinem Tagebuch anvertrauen will.

Gute Nacht, mein Freund, nächstens mehr.

N.

4.7.1977

Lieber Freund!

Nun bin ich in Heiligenstadt, der „Hauptstadt" des Eichsfeldes, die im anmutigen Leinetal liegt und vor drei Jahren ihr tausendjähriges Bestehen feierte. Meine Ankunft hier war durchaus außergewöhnlich, und das kam so:

Ich war am Morgen sehr zeitig aufgestanden, grad als die Vögel erwachten und die Sonne ihre ersten Strahlen in den Wiesennebeln kühlte. In bester Stimmung rüstete ich mich zum Aufbruch, Heiligenstadt zu erreichen. Zuvor aber wollte ich besagtes Martinfeld aufsuchen, zum einen, weil der Karte nach der Weg dorthin sehr reizvoll sein mußte, zum anderen hatte ich vom Zeltplatzwart erfahren, daß ich dort auch ausgezeichnet würde frühstücken können. Ich stieg also in den mit Buchen, Eichen und anderen sehr schönen Laubbäumen bewachsenen Westerwald hinauf, war bald auf der Höhe angelangt und marschierte dann gut eine Stunde auf ebenem Weg. Rings um mich jauchzte und jubilierte die Natur, und von Mal zu Mal breitete ich die Arme aus und ließ meiner heiteren Stimmung freien Lauf, daß sie sich erging in Versen von Lenau und Heine. Ein Glück, daß ich dabei niemandem begegnet bin; man hätte mich womöglich für verrückt gehalten. Ich kam an ein Forsthaus, wo eine Chaussee vorbeiführte und der Wald zur Rechten an Felder und Wiesen randete. Am östlichen Horizont sah ich einige Gehöfte, auch einen Kirchturm, das mußte Wachstedt sein. Warum, beim Zeus, bin ich nicht in dieses, meinem Standort nächste Dorf gegangen! Es wäre von dort aus nicht weiter nach Heiligenstadt gewesen als über Martinfeld. Nach Wachstedt hätte ich über weite Fluren gehen müssen; ich wollte aber durch den Wald, der hier vorwiegend aus Buchen und niedrigem Laubgebüsch besteht und so ganz anders ist als die eher schwermütigen Fichtenwälder zu Hause. Falls Du es billigst, wenn ich unsere Wälder als ein schweres wollenes Tuch bezeichne, das über den Bergen liegt, dann will ich die hiesigen mit einem kunstvoll gewirkten duftigen Stoff vergleichen, der in weichen Falten über Hügel und Hänge fließt und durch den das Sonnenlicht sich zu tausend bizarren Formen zerstreut. Ich ging also westlich vom Forsthaus weiter durch den Buchenhain, orientierte mich auf den unbeschilderten Wegen nach Gutdünken und kam nach einer weiteren Stunde, in der ich mehrere Male die Richtung verfehlt zu haben glaubte, schließlich an den Westhang des Berges, von wo aus ich in einer weiten Senke des Dorf Martinfeld liegen sah. Ich stieg den Berg hinab, durchquerte ein ausgedehntes Kleefeld und sah endlich am Ortseingangsschild, daß ich mich am gewünschten Ziele befand. Wenige Schritte im Dorf verweilte ich in einer kleinen gepflegten Anlage, wo die Bewohner aus dem tuffartig löchrigen Gestein der Umgebung eine Kapelle erbaut haben, eine Kapelle, die eigentlich mehr einer Grotte ähnelt. In der Mitte, unter einem nach vorne offenen Gewölbe, der Altar, rechts und links davon in Mauernischen Heiligenfiguren und Gedenktafeln an Kriegstote. Blumenrabatten säumten die Wege, und unter Birken standen schattige Bänke, auf deren einer ich mich gerne niedergesetzt hätte, wäre mein Hunger nicht mittlerweile an der Grenze des Ertragbaren angelangt. Dem Triebe also gehorchend, ging ich hinunter ins Dorf, wo mir im Gasthaus „Zur Krone", wie es der Zeltplatzwart vom Luttergrund vorausgesagt hatte, für billigen Preis ein reichhaltiges Frühstück serviert wurde, ein netter Wirt sich nach dem Grunde meines Aufenthaltes erkundigte und mir schließlich als weiteren Weg keinen besseren als die Chaussee nach Heiligenstadt empfehlen konnte.

Nun gib acht, mein Freund! Am Leib gestärkt und frohen Mutes ging ich, den gelben Wegweisern folgend, außerorts und gen Heiligenstadt. Am Ortsausgang kam ich an einer Fabrik vorbei, durch deren weit geöffnete Fenster ich Frauen an Wirkmaschinen arbeiten sehen konnte. Etwa fünfhundert Meter weiter begegnete mir ein Automobil mit blauen Rundumleuchten auf dem Dach, das von einem Volkspolizisten mit weißer Mütze gesteuert wurde. Wir hatten en passant Kenntnis voneinander genommen, als ich plötzlich Bremsenquietschen hörte. Das Auto hatte gehalten und fuhr mir nun im Rückwärtsgang nach. Es hatte rasch aufgeschlossen, hielt, und von dem Polizisten wurde mir bedeutet, ich solle stehenbleiben. Was ich auch artig tat, war ich mir ja, da vorschriftsmäßig auf dem linken Randstreifen gegangen, keines Verstoßes gegen die Straßenverkehrsordnung bewußt. Woran ich freilich nicht dachte, war, daß ich

mich seit der Überquerung jenes Westerwaldes im Kreis Heiligenstadt, also in einem Grenzkreis, befand. Der Volkspolizist stieg aus, musterte mich (Niethosen! Bart! Praller Rucksack!) und verlangte mit strenger Miene meine Ausweispapiere zu sehen. Ich gab sie ihm höflich, immer noch nicht ahnend, daß man als Auswärtiger in einem Grenzkreis durch eine andere Brille betrachtet wird als beispielsweise Urlauber in der Mark Brandenburg. Nun gut; warum sollte der Polizist meine Papiere nicht überprüfen – was die Grenze und alle anderen Dinge, die die Polizei vor Überschreitung zu hüten hat, anlangte, hatte ich das Gewissen eines Säuglings. Wie ich jedoch sehr rasch feststellen mußte, besaß mein Polizist durchaus nicht die Gabe, auf dem Grund meiner Augen jenes reine Gewissen zu schauen, wohl aber besaß er seine Vorschriften und, wie mir schien, auch eine wundersame Schablone, nach der Gut und Böse zu scheiden sei:

> Par rubram barbam poteris cognoscere nequam
> Gar selten ist von guter Art/
> bei dem sich findt ein roter Bart,

was er offenbar vollends bestätigt glaubte, als ich ihm auf seine diesbezügliche Frage in kindlichster Naivität kundtat, daß ich zu Fuß über das Eichsfeld zum Kyffhäuser wandern wolle. Dennoch schien er unschlüssig, was mit mir zu machen sei, als ihm der Zufall mit einem weiteren VP-Auto zu Hilfe kam. Es hielt, und mein wachsamer Freund und Helfer beriet sich mit seinen Genossen im Fond des Wagens über das weitere Verfahren mit dem suspekten Fremden. Die hinzugekommenen Volkspolizisten hatten offensichtlich wenig Lust, eine Diskussion auf der Straße zu führen, darum baten sie mich, einzusteigen – auf dem VPKA in Heiligenstadt würde die Sache sicherlich rasch geklärt. So kam ich denn schnell und bequem in die eichsfeldische Kreisstadt, und die Fahrt war auch deshalb angenehm, weil die freundlichen Polizisten mir unterwegs noch allerlei über die Gegend und die Orte am Wege erzählten. Auf dem Kreisamt wurde ich einem jungen Kriminalpolizisten vorgeführt, der, wie mein erster Eindruck war, gewillt schien, das Mißverständnis rasch und unbürokratisch zu meinen Gunsten aufzuklären. Er nahm meine Erklärung, wonach ich mich auf Wanderschaft befände, aufmerksam zur Kenntnis, überprüfte meine Papiere, und ich glaubte, seinem Gesicht und seinen Bemerkungen entnehmen zu dürfen, daß ich nun gleich mit guten Wünschen für weiteren Erfolg meiner Reise entlassen würde. Hier nun aber hatte ich mich einer süßen Täuschung hingegeben. Bis es soweit war, dauerte es noch einige Stunden, so daß ich mir nur sagen konnte: Verschlungen sind die Wege der Ämter – wehe da dem Ungeduldigen. Nun, jedenfalls war ich gut nach Heiligenstadt gekommen. – Über die Entstehung des Namens dieser Stadt ist man sich uneinig; es gibt wissenschaftliche Deutungen und natürlich auch eine Legende. Die historisch-philologischen Auslegungen sind zu nüchtern; ich erzähl Dir lieber die Mär.

Der Merowingerkönig Dagobert war vom Aussatz befallen, und da alle Heilungsversuche erfolglos blieben, übergab er die Regie des Frankenreiches seinem Sohn und zog mit seiner Frau und einigen Bediensteten von dannen, um erst zurückzukehren, wenn er von seinem Übel befreit sei. So kam er ins Eichsfeld, ließ sich daselbst nieder und harrte voll Schwermut seines Todes. Nur eine Freude war ihm geblieben, die Jagd. Eines Tages ritt er wieder in die Gegend, hetzte das Wild und ließ sich endlich erschöpft auf einer taufrischen Waldwiese nieder. Er schlief ein, und als er erwachte, war das Wunder geschehen. Dort, wo seine unbedeckten Körperteile, Stirn und Hände, der Tau benetzt hatte, war seine Haut genesen. Sogleich machte der König eine Ganzkörperkur, ward im Nu geheilt, ritt zurück zu seinem kleinen Hofe, hob die Quarantäne auf und befahl mit wiedererwachtem Königsbewußtsein, den Ort des wunderbaren Geschehens fortan „heilige Stätte“ zu nennen. Um aber hinter den Mechanismus des Mirakels zu kommen, ließ er die Waldwiese umgraben, und siehe da, man fand menschliche Gebeine, die man sogleich als die zweier Märtyrer identifizierte, des Bischofs Aureus und des Diakons Justinus. König Dagobert veranlaßte ihre Heiligsprechung, ließ eine Kirche am Orte erbauen und weihte sie dem Schutzheiligen des Frankenreiches, Martin von Tours. Volk kam, baute eine Stadt um die Kirche und nannte sie, so hatte es der König ja befohlen, Heiligenstadt. – Nun ja. Die heiligen Gebeine gibt es aber wirklich. Ich habe sie gesehen. Zumindest die edelsteinverzierte Schatulle, in der sie verwahrt werden. Im Reliquienschrein der Heiligenstädter Ägidienkirche. Heute will man allerdings wissen, daß die kostbaren Knochenreste, die Heiligenstadt den Namen gaben, nicht hier gefunden wurden, sondern aus Mainz importiert wurden. Die Mainzer Erzbischöfe hatten stattliche Besitzungen in Thüringen, und auch weite Teile des Eichsfeldes gehörten zu ihren Pfründen. Das Heiligenstädter Wappen zeigt einen von ihnen – hoch zu Roß, mit einem zu kleinen Körper für den großen mitragekrönten Kopf. Wehrturm und Mauer im Hintergrund verweisen auf das Stadtrecht und das Mainzer Rad auf Schild und Standarte des Reiters darauf, wessen Untertanen die Bewohner hinter der Mauer sind.

Alt-Heiligenstadt ist – niedlich. Ich will, diese Vorstellung zu erleichtern, Dir einige Straßennamen nennen: die Stubenstraße, die Kollegiengasse, der Schöllbach, die Klausgasse, der Heimenstein ... Die Häuser dort sind klein und schmal, kaum breiter als ein Zimmer. Winzlinge sind darunter, deren Stubendecke man gewiß mit dem Kopf streifen kann. Sie stehen Wand an Wand, stützen sich gegenseitig, sind verschachtelt, fast alle mit roten Ziegeln gedeckt, und wo der Zahn der Zeit eine Lücke gerissen hat, sieht man die mit Lehm und Feldsteinen ausgemauerten Balkenfächer. Aber kaum eines dieser Häuschen wirkt greisenhaft, verfallen oder gar abbruchreif. Sie haben heitere Gesichter. Ich kenne andere Kleinstädte, wo die Altbausubstanz verfällt, wo die niedrigen Häuser einstiger kleiner Handwerker, Heimarbeiter und Büdner grau und häßlich sind, wo alles bröckelt, reißt und modert, wo hinter erblindeten Scheiben und schmutzigen Gardinen doch zuweilen noch Licht brennt, Häuser, die man eines Tages abreißen wird, weil das *dann* tatsächlich sinnvoller ist, als sie wieder vorzurichten. Nicht so in Heiligenstadt. Ich weiß nicht, was es für Leute sind, die im alten Heiligenstädter Stadtkern, rings um die drei großen Kirchen, wohnen. Aber ich glaube nicht, daß es nur alte Menschen sind, die ihre Häuschen lediglich deshalb instand halten, um das Andenken ihrer Altvorderen zu ehren.

Große Gebäude gibt es aus alter Zeit nur wenige in Heiligenstadt. Eines davon ist das alte Rathaus. Es ist ganz und gar schmucklos aus großen Buntsandsteinquadern gemauert und beherbergt heute das Stadtarchiv. Thomas Müntzer hat darin einst mit dem Heiligenstädter Rat verhandelt und ihn vergeblich zu überzeugen versucht, sich dem Bauernheer anzuschließen. – Gleich hinter dem alten Rathaus führen einige Treppen zu einem Plateau, auf dem die Altstädter oder Liebfrauenkirche steht. Sie ist ein prachtvolles gotisches Bauwerk, dessen beide gewaltigen Türme das Fernbild der Stadt beherrschen. Bei dieser Kirche wäre ich sofort bereit, die Bezeichnung „Eichsfelder Dom“ zu akzeptieren. An ihrer Südseite steht eine steinerne Madonna aus frühgotischer Zeit. Die schlanke Figur ist wunderschön anzusehen. Ganz schlicht ist sie gearbeitet, und das macht ihren großen Liebreiz aus. Sie trägt weder Schmuck noch Krone, und doch spürt man, daß man vor einer Königin steht. Sie ist in ein am Oberkörper eng anliegendes Gewand gekleidet, das von der Hüfte an in großzügigen, aber sparsamen Falten nach unten fließt. Den Oberkörper hat sie nur leicht nach hinten geneigt, um das Gewicht des Kindes auszugleichen, das sie auf dem linken Arm hält. So natürlich wie Körperhaltung und Gewand hat der Bildhauer auch das Gesicht der Madonna modelliert. Offen und ohne die weltabgewandte Verklärtheit mancher spätgotischer Figuren ruht ihr Blick liebevoll auf dem Sohn. Die Nase ist fein und gerade geschnitten, und um den Mund verrät ein zartes Lächeln, wie glücklich die junge Mutter ist. – Auch im Kircheninnern steht eine Madonnenfigur. Sie ist aus Holz geschnitzt und heißt „Maria im Elende" (was auf ihren Herkunftsort Elende deutet). Wäre ich Paris, sie bekäme den Apfel von mir ganz sicher nicht. Heute würde man sagen: ‚Die ist mir zu sehr aufgeputzt.' Du magst mir die Saloppheit nachsehen. Wenn ich von jener Madonna sagte, ich spürte, daß ich vor einer Königin stand, so muß ich von dieser sagen, daß ich sie nur auf Grund der Insignien als solche erkannte: Krone, Zepter, goldner Mantel ...

Sehr beeindruckend ist der große Flügelaltar der Liebfrauenkirche. Er wurde von dem niedersächsischen Künstler Hans Raphon gemalt und stammt wohl aus der Zeit um 1500. Die wuchtigen Bündelsäulen der Kirche sind an den Kapitellen mit reichen Ornamenten verziert, aus denen die Teilnahme der ganzen Schöpfung, von Tier und Pflanze an Gottesdienst und Gotteslob sichtbar werden soll. Was allerdings die drei gräßlichen Fratzen auf dem Schlußstein im Kreuzgewölbe des einen Seitenschiffes versinnbildlichen mögen, blieb mir dunkel. – Nun, mein Bester, ich glaube das genügt für heute aus Heiligenstadt. Morgen will ich mich noch etwas umsehen und auch mal auf die Berge steigen.

Bis dahin Dein N.

PS. Wahrscheinlich habe ich Anlagen zum Größenwahnsinn – ich habe mich im Hotel eingemietet. Zwölf Mark pro Nacht, das ist ein ganzes Tagesbudget!

Heiligenstadt, am 5. 7. 1977

Lieber R.!

Ich habe letzte Nacht miserabel geschlafen. Die Fenster meines Gastzimmers gehen genau auf eine der meistbefahrenen Straßen Heiligenstadts. Wäre ich Bürgermeister, ich würde die Karl-Marx-Straße für Fahrzeuge sperren.

Heute morgen war ich in der Bibliothek im neuen Rathaus; sie ist bescheiden, hat aber eine sehr hübsche Bibliothekarin. Die sagte mir, daß es hier noch eine andere Bibliothek gibt – im Kloster der Redemptoristen (1732 von Alfons Maria von Liguori gestifteter Orden). Sie soll sehr umfangreich sein und eine Menge Kostbarkeiten in ihren Regalen haben. Aber leider bin ich kein Ordensbruder.

Eigentlich wollte ich nach der Visite in der Stadtbibliothek gleich auf den Iberg wandern, um von dort den Ausblick auf die Stadt und das obere Eichsfeld zu bewundern, da aber einige dunkle Wolken ein baldiges Gewitter befürchten ließen, ging ich zunächst ins Museum. Es ist artig eingerichtet, gibt einen chronologischen Überblick über die Stadtentwicklung und hat nichts Frappierendes in seiner Exposition. Aber das muß es ja auch nicht als Heimatmuseum. Eines dort zu erfahren war jedoch sehr wichtig für mich, und da ich mich ja schon im vorangegangenen mit Dir über die seltsame Erscheinung des strengen Katholizismus auf dem Eichsfeld unterhielt, wird es auch Dich interessieren: Das schlichte Barockgebäude, in dem sich heute das Heimatmuseum befindet und dessen einziger Fassadenschmuck sich auf ein prunkvolles Eingangsportal konzentriert, war einst ein Jesuitenkolleg. Eine Schule, in der junge

Männer vorwiegend auf den Priesterberuf vorbereitet wurden. Zwar wurde es erst 1740 von dem Dingelstädter Christoph Heinemann erbaut, die Patres von der „Gesellschaft Jesu“ wirkten jedoch schon 1574 in Heiligenstadt. Im Jesuitenorden versammelten sich die eifrigsten und verbissensten Betreiber der reaktionären Gegenreformation. Bei keinem anderen katholischen Orden war (und ist) das Gelübde des Gehorsams gegenüber dem Papst so scharf ausgebildet wie bei den Jesuiten, und so nimmt es nicht wunder, daß sich unter ihnen auch die ärgsten Feinde der neuen Lutherischen Lehre befanden. Gerade dieser aber hatten sich, wie überall in Thüringen und in Sachsen, nach den bedeutungsvollen Ereignissen des sechzehnten Jahrhunderts auch die meisten Bewohner des Eichsfeldes angeschlossen. Um diese für den Mainzer Erzbischof bedenklichen Einflüsse zu stoppen und rückgängig zu machen und um der Mainzer Kurie die verlorengegangenen Pfründe wiederzugewinnen, beschloß man, in Heiligenstadt ein Jesuitenkolleg zu stiften. Die Patres waren bald erfolgreich. Gemäß dem vom Augsburger Religionsfrieden aufgestellten Rechtsgrundsatz „Cuius regio, eius religio“, wonach die Religion des Landesherrn auch die seiner Untertanen zu sein habe, fochten sie von Kanzel und Katheder, als Missionare und Visitatoren wider die protestantische Ketzerei. Dem protestantischen Prediger Schaumburg, der in der Heiligenstädter Liebfrauenkirche predigte, wurde die Kanzel verboten, und auf den Dörfern wurden die lutherischen Pfarrer „durch den Oberamtmann mit gewaffneter Hand ausgewiesen“. Das Volk zu bekehren bediente man sich subtilerer Mittel, fußend auf der Mentalität der Eichsfelder und ihren Traditionen. Wo immer eine Möglichkeit sich bot, übten die Jesuiten und ihre Schüler Einfluß auf das Leben des Volkes – von der Wiege bis zur Bahre. Prozessionen und Wallfahrten kamen wieder hoch in Schwang, und von besonderer Wirkung auf das gemütvolle Volksempfinden erwiesen sich die Aufführungen religiös-didaktischer Dramen und Mysterienspiele durch die Kollegialschüler. Zu Beginn des siebzehnten Jahrhunderts war das Eichsfeld wieder fest in der Hand des katholischen Klerus und seiner weltlichen Partner von Gottes Gnaden. Daran änderte sich auch nichts, als 1773 der Jesuitenorden für einige Zeit aufgehoben wurde. Auch unter preußischer Regierung, unter die das kurmainzische Eichsfeld später kam, konnten sich die Katholiken gegenüber den Reformierten behaupten – wenn sie sich auch in Heiligenstadt mit einem schmerzlichen Verlust abfinden mußten: Ihre älteste Pfarrkirche, die St. Martinskirche, wurde den größtenteils zugewanderten Protestanten zum gottesdienstlichen Gebrauch zugesprochen. Ich wollte, sie wäre es nicht, denn dann könnte man sie heute wenigstens jederzeit besichtigen. So aber ist das „Heiligenstädter Münster", wie alle evangelischen Tempel, außerhalb der Gottesdienste geschlossen. – Jetzt, mein Freund, wo ich im Heiligenstädter Museum einige Blicke auf die Wurzeln der eichsfeldischen Kirchengeschichte werfen konnte, sollte es mir leichter fallen, jene schon früher erwähnte Bindung der Eichsfelder an den Katholizismus zu verstehen.

Lieber R., da Du meinen Exkurs in die Eichsfelder Geschichte so geduldig mitgemacht hast, lade ich Dich nun ein, mir auf einem Spaziergang zum Iberg, dem an sonnigen Wochenenden wohl beliebtesten Wanderziel der Heiligenstädter, in Gedanken zu folgen. Sonnig war es auch heute, die Gewitterwolken hatten sich wieder verzogen, als ich aus dem Museum trat, sah ich einen klaren und blauen Himmel, und da man Montag schrieb, war auch nicht zu befürchten, daß die stadtnahen Wanderwege am Iberg übervölkert wären wie die einer großstädtischen Parkanlage. Der Aufstieg war gelinde, ich brauchte nicht mehr als etwa

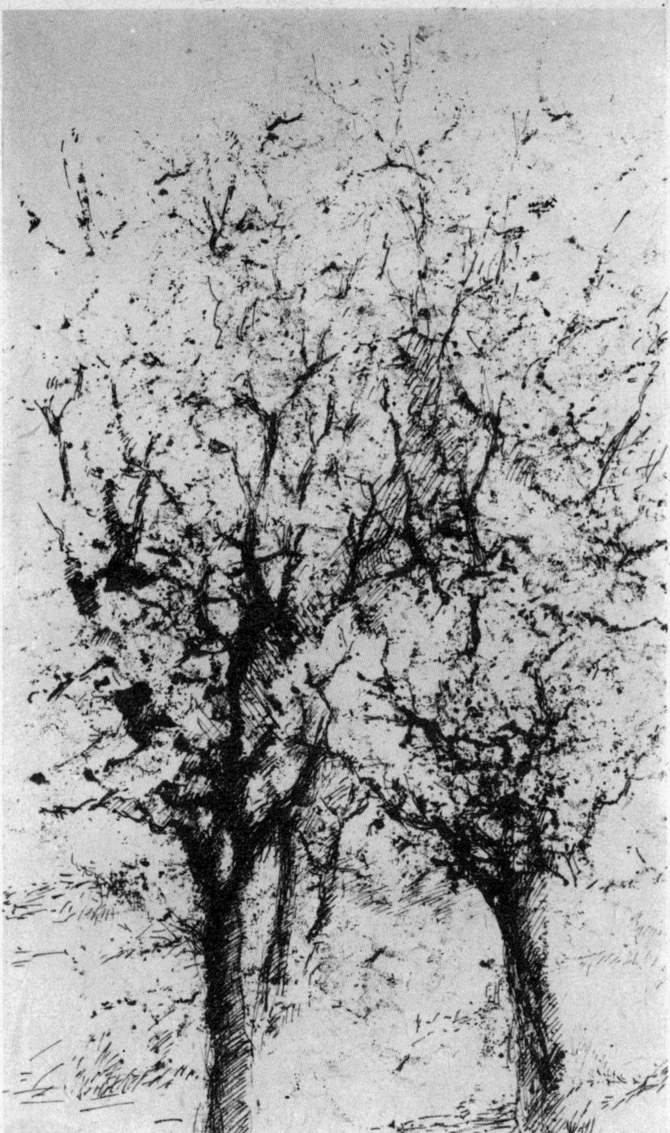

eine Viertelstunde bis zum Iberghaus, einem kleinen Ausflugslokal auf halber Höhe des Berges. Gleich neben dem Lokal steht ein bescheidener Obelisk zum Gedenken an Johannes Weinrich, einen Heiligenstädter, der allerlei neue Musikinstrumente erfunden hat, unter anderem die Mundharmonika, welche Erfindung er aber kommerziell nicht nutzte, und so wird er heute auch nicht als deren Erfinder genannt. Daneben verfaßte er zahlreiche Gedichte und nannte sich „Hans Sachs II.“. Hier eine Probe seiner Poesie:

1793 bin ich geboren
1827 erfand ich das Instrument
1828 erhielt ich das Patent
1829 tat es mir gelingen
mit eigener Hornbegleitung zu singen.

Na bitte. Trotzdem machte er mit seinen Dichtungen (er hat gewiß auch Gewichtigeres verfaßt) und seinen Erfindungen zahlreiche „Kunst“-Reisen im In- und Ausland. Das brachte ihm immerhin so viel Geld ein, daß er sich ein großes Stück des Iberges kaufen konnte. Von dort schoß er öfters eine Böllerkanone ab, um sich am Echo zu ergötzen. Weniger ergötzt als vielmehr entsetzt waren die Jagdpächter der Umgebung, denn der Weinrichsche Krawall verjagte ihnen regelmäßig das Wild. So griffen sie denn zur Selbsthilfe und verstopften das Kanonenrohr. Der Scherz ging tragisch aus – beim nächsten Abschuß explodierte die Kanone und tötete Hans Sachs II.

Ich stieg dann weiter hinauf, auf der Höhe ist der Berg abgeplattet, und die Spazierwege verzweigen sich, führen zur Ibergwarte, einem mittelalterlichen Wachturm, der längst vom Hochwald überragt wird, zum Naherholungszentrum Neunbrunnen und wieder zu einem Obelisken, der einen Längenkreis markiert. (Wenn ich auf der Landkarte richtig abgelesen habe: 10° 10′ ö. L.) – Von vielen Stellen des Ibergplateaus kann man schöne Panoramen sehen. Jenseits des Leinetales, im Norden, wächst die Stadt aus ihren einstigen Grenzen. „Auf den Hängen gruppieren sich teils Einzelhäuser mit Gärten, teils geschlossene Häuserzüge. Die Straßen, die in Winkeln aufwärts führen, sind durch große Mauern betont, die so als weiße Bänder zur Höhe hinaufschießen. Bei allen übrigen Bauten ist das Weiß vermieden. Blau und Rot (unverputztes Mauerwerk), hier und da Gelb, dienen als Anstrich für Einzelhäuser und geschlossene Züge, Nadelbäume geben vereinzelt scharfe Akzente. Die einzelnen Häuser und Häuserzüge wurden von verschiedenen Architekten selbständig entworfen – sie hatten sich nur dem Gesamtbild einzufügen." Lieber Freund, Du siehst an den Gänsefüßchen, die die letzten Sätze einschließen, daß es sich hierbei um ein Zitat und leider nicht um die Beschreibung des Blickes vom Iberg zum Neubaugebiet „Auf den Liethen" handelt. Der „Brücke"-Maler Karl Schmidt-Rottluf beschrieb so 1911 seine Vorstellungen von einer zukünftigen Bergstadt. Die Hänge „Auf den Liethen" sind längst nicht so phantasievoll bebaut. Die langen Wohnblöcke gleichen einander wie ein Ei dem anderen und beleidigen mit der Monotonie, mit der sie gestaffelt sind, die Landschaft, die sie umgibt. Freilich wird es sich dort bequemer wohnen als in den schiefwinkligen Häuschen der Altstadt. Aber Bequemlichkeit ist nur *ein* Kriterium für Wohnqualität; Verlust von Individualität ein anderes.

Im Tal wird das Bild von den Türmen der Kirchen und dem Gewirr der roten Giebel geprägt; auch sieht man an den Rändern der Stadt einzelne Industrieschornsteine. Die Eichsfelder leben schon seit langem nicht mehr nur von Landwirtschaft, Handwerk und Heimarbeit. Arbeit gibt es im VEB Solidor, der sich ständig vergrößert (hier werden neben anderen Hartkurzwaren auch jene Plastereißverschlüsse hergestellt, die mich schon des öfteren zur Verzweiflung gebracht haben), in den Eichsfelder Bekleidungswerken, in den volkseigenen Papierfabriken, in der Thüringer Strumpfwarenfabrik, im VEB Mytron, wo Meß- und Prüfgeräte gebaut werden, in den Betrieben für Handel und Versorgung und natürlich auch nach wie vor in der Land- und Forstwirtschaft. Arbeitsplätze, um die sich ihre Inhaber nicht zu sorgen brauchen, wie vielleicht manche ihrer Kollegen im nahen Untereichsfeld.

Den Nachmittag verbrachte ich wieder in der Stadt. Ich spazierte durch den Heine-Park, wo die Geislede, bevor sie in die Leine mündet, einen hübschen Wasserfall hat. Unweit liegt, ganz im Grünen, das Kurhaus des Kneippbades, weswegen sich Heiligenstadt mit dem Beinamen „Heilbad" schmücken darf. Ganz in der Nähe meines Hotels sah ich das ehemalige Wohnhaus Theodor Storms. Storm wohnte acht Jahre in Heiligenstadt und schrieb hier zahlreiche Novellen, Märchen und Gedichte. Die Heiligenstädter sind stolz auf ihren einstigen Wahlbürger, ebenso wie darauf, daß Tilman Riemenschneiders Wiege in ihren Mauern gestanden haben soll.

Lieber R., es ließe sich gewiß noch mehr über Heiligenstadt und das Eichsfeld mitteilen, aber ich muß, da mir noch einiges an Weg bevorsteht, auf die Proportionen meiner Berichte achten. Morgen will ich weiterziehen – allerdings zunächst nicht mehr zu Fuß. Ich fand heute zwei postlagernde Briefe hier vor – Deinen, den mir Frau M. aus Mühlhausen nachgesandt hat, und einen von unserem Freunde Schilling, der mitteilt, daß er mich auf die nächsten Tage bei sich in Bielen erwartet. Bielen liegt am Rande von Nordhausen, und ich hatte eigentlich vor, dorthin auch auf Schusters Rappen zu reiten. Da Schilling aber sicherlich den Ranzen schon geschnürt hat, mit mir den Kyffhäuser zu durchwandern, muß ich mich beeilen. Die Aussicht auf einige Tage anregender Zweisamkeit mit Schilling läßt mich die Korrektur meines Reiseplanes mit einem lachenden und einem weinenden Auge verschmerzen, wobei die Träne den jähen Abschied von einer Landschaft bedauert, die ihre Reize, wie ich glaube, zwischen Heiligenstadt, Worbis und Bleicherode weiter offenbart hätte. Doch Schluß, die Zähre getrocknet! – nichts hindert mich, später wieder einmal hierher zu kommen.

Die Antwort auf Deinen Brief laß mich bitte noch bis morgen überdenken.

Mit Grüßen! N.

auf der Bahn, am 6. 7.

Mein Lieber!

Fürs Folgende sollst Du mich des Schriftbildes wegen bitte nicht rügen! Mittlerweile sitze ich nämlich im Zug nach Nordhausen, und der führt leider noch keinen Salonwagen mit. Indes ich also zuweilen recht heftig durchgeschüttelt werde, will ich mich dennoch bemühen, daß dies ohne nachteiligen Einfluß auf meine Gedanken bleibt, damit ich sie Dir, da sie sich mit dem Inhalt Deines Briefes befassen, klar und in richtiger Reihenfolge mitteilen kann.

Zuvörderst: Was sollen die bitteren Töne, mein Freund? Fast kommst Du mir vor wie Zarathustra, der weiland klagte: ‚Sie verstehen mich nicht; ich bin nicht der Mund für diese Ohren.' Für solchen Fatalismus sehe ich keinen Grund, auch wenn jene Zeitschrift Deine Gedichte wieder abgewiesen hat. Mehr noch: Habe Mut und das rechte Quantum Selbstbewußtsein und werte die Absage als Qualitätsattest für Deine Gedichte! Oder willst Du, nur um einer möglichst raschen Veröffentlichung willen, Deinen poetischen Duktus aufgeben? Willst Du Dein ureigenes Talent dem Geschmack eines Redakteurs opfern? Meinst Du,

Deine Sonette könnten es auf dem Parnaß nicht aufnehmen mit manchen Ergüssen heutiger Lyrik, wo mit avantgardistischer Attitüde sich Gestammeltes als lyrische Methapher gebärdet und mit seiner eigenen Ratlosigkeit auch noch einen ratlosen Leser hinterläßt? Etwa derart:

Laub
unter den Füßen
Leere Gläser
unter den Händen
Schwitzende Leiber
Lautlos
Versickert ein Bangen
Nackte Kleider
an purpurnen Ästen
verkünden die
einzig selige Nacht.

Jenes hörte ich unlängst einen jungen Dichter als Offenbarung verkünden, und wenngleich es für mich nichts minder denn eine solche war, kann ich mir, gemessen an dem, was ich allenthalben zu lesen und hören bekomme, dennoch durchaus vorstellen, daß besagter Poet nicht ohne Zukunft ist bei mancher Lyrikredaktion. – Und deshalb willst Du Dich grämen? Ach was! Der Vorsprung, den manche mit ihren zeitigen Veröffentlichungen zu erringen glauben, ist doch nur scheinbar; es sei ihren ephemeren Poeteleien gegönnt. Jene Kraft des Gedichtes, die so eigentümlich auf unsere Seele wirkt, die sie lachen und weinen machen kann und die wir Schönheit nennen, geht allemal noch vom schlichten Vers aus, von der Harmonie seiner Bilder, von der Unbeschwertheit oder Besinnlichkeit seiner Melodie und von den Schwingungen seines Rhythmus, aus dem man den Herzschlag des Dichters hören kann. Du solltest also die Meister, bei denen Du lerntest, nicht schelten; was sie Dir gaben, ist solides Fundament für ein schönes Haus. Baue weiter daran, Stück für Stück, und wenn die Musen Dir gut bleiben, dann weihe es ihnen zum Tempel! Was ficht es Dich da noch an, wenn andere in zugigen Sprachbaracken ihre künstlerische Belanglosigkeit zelebrieren. – Gewiß, das ist ein derbes Kaliber, aber ich gerate jedesmal in Harnisch, wenn ich einen „Gutachter“ etwa reden höre: ‚Diese Gedichte stehen nicht auf der Höhe unserer Zeit; die wirklichen Probleme unseres Lebens sind andere; Angst und Seele und alle Innerlichkeiten sind untaugliche Inhalte für unsere Lyrik, noch dazu, wenn sie in Formen einherkommen, die längst zu totem Traditionalismus erstarrt sind; unsere poetischen Vorbilder sind an anderen Orten zu finden usw. usf. . . .‘ – *Unsere* Zeit, *unsere* wirklichen Probleme, *unsere* Lyrik, *unsere* Vorbilder . . . Der Dichter, so er einer ist, wird aber die Höhe seiner Kunst in *seiner* Zeit allemal selber bestimmen, mit der Gestaltung *seiner* Probleme in Versen wird er *seine* Lyrik schreiben, und auch zu den Orten, wo *seine* poetischen Vorbilder siedeln, können ihn nur eigene Wege führen, auf denen er allenfalls einen ortskundigen Begleiter akzeptiert, niemals aber jemanden, der ihn an der Leine führt.

Also, mein Bester, laß Dich nicht grundlos verbittern! Und wenn Dich jemand mit halbverdauten Schlagworten und leidiger Scheelsucht belegt, weil er es nicht hören kann, welch wundersam helle Töne Deine Verse hervorbringen, wenn sie sich an seiner Käseglocke brechen, dann halt's mit Klopstock:

Wenn nun die Welt
Ihr säumend Urteil hat gefällt,
Dann erst hat die Kritik gesprochen;
Nicht aber, wenn ein Kritiker verkrochen
Im Winkel,
Jetzt hinterm Rücken seine Meinung murmelt,

Jetzt dicke tu'nd vor Dünkel
Heraus zur Schau sich setzt
Und wie er's finde! schwätzt.

Belassen wir's dabei; es tat mir wohl, mal wieder Dampf abzulassen. Und Dir, so hoffe ich, hat meine freche Rede ein wenig das Korsett gestärkt. – Im übrigen wird mein Zug in Kürze Nordhausen erreichen – schon drängen sich die Leute im Mittelgang zwischen den Abteilen und gemahnen mich, Briefbogen und Stift zunächst einzustecken. Gedulde Dich also, bis ich wieder Muße finde, Dir weiter zu berichten.

N.

Lieber R.!

Stünde ich jetzt vor Dir, ich müßte schamviolett die Blicke senken, denn: Ich bin ein Snob! Erst wollte ich zu Fuß hierher wandern, dann fuhr ich mit der Eisenbahn nach Nordhausen – nun habe ich von dort nach Bielen gar ein Taxi genommen ... Schilling empfing mich freundlich zwar, doch ganz seiner Art gemäß ohne Überschwang. Er hat einige arbeitsfreie Tage, und da ich ihm schon vor Halbjahresfrist von meinen Wanderplänen sprach, beschlossen wir seinerzeit, den Kyffhäuser gemeinsam zu besteigen. Dies soll nun morgen beginnen. Die vom heutigen Tag verbliebenen Stunden nutzten wir zu ausgedehnten Spaziergängen in und um Bielen, das schon mitten in der Goldenen Aue liegt und von wo es nicht weit ist zu den schönsten Flecken des Südharzes. So bummelten wir durch den Ort, der keine besonderen Reize hat, überquerten die Zorge, deren Wasser beim nahen Heringen sich denen der Helme vermählen, und strichen sonder festen Vorsatz durch die Felder, wobei sich ein vergnüglicher Plausch entspann, von mir genährt durch den Bericht einiger der vorausgegangenen Erlebnisse, von ihm gewürzt mit allerlei geistreichen Marginalien. Hernach führte er mich auf den Bielener Friedhof und wußte von manchem der dort Bestatteten ein Anekdötchen zu erzählen. Schließlich gingen wir in seinen Garten, der

„Gefloh'n, fernab dem mürbenden Gewiegel
Wo Lärm und Unrast sich zum Schmerz verdichten"

allein auf freiem Felde liegt und wo uns Schillings Mutter bereits mit dem Abendbrot erwartete. Dort wurde ich auch seinem Vater vorgestellt, der wie die Mutter von sympathischem Äußeren ist, wiewohl die Kürze der ersten Begegnung nicht ausreichte, besonders auffällige Züge an den beiden wahrzunehmen. Dafür aber zeigte der Sohn einmal mehr charakteristisches Verhalten, als sich zwischen ihm und der Mutter beim Essen folgender Dialog ergab.

Die Mutter: „Wie gefällt dir das neue Hemd, das ich dir gekauft habe?"

Schilling: „Gut."

Die Mutter: „Hast du's schon anprobiert – paßt es?"

Schilling: „Ich weiß nicht, du mußt es mir mal herauslegen."

Die Mutter: „Aber es liegt doch auf deinem Schreibtisch ..."

Schilling: „Ach so, na ja."

Ich entsinne mich, daß Schilling im Gespräch einmal äußerte, das Kochen, das Wohnen, das Sichkleiden und der Beischlaf seien eine Art inferiore Künste, deren Beherrschung möglicherweise unabdingbar sei für einen, der in den Hauptkünsten Großes zu vollbringen trachte. Nun will ich nicht behaupten, daß er ein unpraktischer Mensch sei; in ihrer radikalen Auslegung jedenfalls führt er jene Hypothese in der eigenen Person ad absurdum, denn so besehen hätte die Mehrzahl seiner Schriften nicht entstehen können.

Nach dem Abendessen beplauderten wir noch manches, besonders die für den nächsten Tag geplante Wanderung und das Wetter, das wir dabei haben würden. Am Nachmittag war es diesig und schwül geworden, und über dem Kyffhäusergebirge, das man vom Garten aus am östlichen Horizont sich aus der Goldenen Aue erheben sehen konnte, schien ein Gewitter zu hängen. Alle Welt wünschte sich dieses Gewitter, und Schillings Vater meinte, wenn aus dieser Richtung etwas heraufzöge, sei durchaus mit einer Entladung in hiesiger Gegend zu rechnen. Dabei berief er sich auf einen Spruch, dessen metereologischer Inhalt sich schon seit Generationen als stichhaltig erwiesen habe: ‚Steht Kaiser Friedrich ohne Hut / Bleibt das Wetter schön und gut / Ist er mit dem Hut zu sehn / Wird das Wetter nicht bestehen.' Heute trug er einen. Nun, uns sollte das egal sein, wir würden, wenn irgend möglich, auch im Regen wandern, schon um dem Vorwurf zu entgehen, daß wir uns aus egoistischen Erwägungen eine ewige Fortdauer der Dürreperiode gewünscht hätten. – Allmählich sank die Dämmerung herein, und die Mücken begannen zu tanzen und zu stechen. Schillings Eltern betaten sich, die wenigen Pflanzungen, die der Hitze bislang noch hatten standhalten können, zu gießen, indes wir über die Wiesen nach Hause gingen, um dort noch etwas aus Schillings vorzüglicher Plattensammlung zu hören und uns die jeweils jüngst verfaßten literarischen Arbeiten einander vorzulesen. Obwohl wir morgen zeitig aufbrechen wollen, haben wir dabei die halbe Nacht zugebracht, was Du als Entschuldigung dafür, daß mein Brief hier abbricht, freundlich gelten lassen solltest. Bis zu meiner nächsten Nachricht, die Dich dann mit Sicherheit vom Kyffhäuser erreichen wird, sei gegrüßt von

N.

Kelbra, 7. 7. 1977

„Ich hörte einst von alten Zeiten reden; wie da die Tiere und Bäume und Felsen mit den Menschen gesprochen hätten.

Mir ist gerade so, als wollten sie allaugenblicklich anfangen und als könnte ich ihnen ansehen, was sie mir sagen wollten!"

Diese Sätze aus Novalis' „Ofterdingen", lieber R., drükken sinnfällig aus, welch ein Gefühl sich meiner ganz bemächtigte, als ich heute die ersten Schritte auf dem Kyffhäuser tat, jenem sagenumwobenen, allerdeutschesten Erdenflecke. Doch ich will meine Euphorie in die Zügel nehmen und Dir in loser, aber chronologisch rechter Folge vom heutigen Tage erzählen. – Der Morgen war trüb und kühl, und es sah aus, als sollte die Voraussage, die Schillings Vater am Vorabend gemacht hatte, eintreffen und die graue Wand, die wir über dem Kyffhäuser gesehen hatten, sich doch noch in Regen über der Goldenen Aue auflösen. Wir ließen uns jedoch nicht schrecken, die Kühle würde beim Wandern eher angenehm sein, und so strebten wir denn, von Schillings Mutter mit kräftigem Frühstück versehen, ostwärts unserem Ziel entgegen. Dies war als nächstes der Ort Kelbra am Fuße des Kyffhäusers, wo wir uns für die Nacht einzuquartieren gedachten, um dann ungebunden die Kyffhäuserhöhen durchstreifen zu können. Wir wählten einen Weg durch die Felder und nahe der Zorge, abseits der vielbefahrenen Chaussee, die Nordhausen mit Sangerhausen und Halle verbindet. Wiewohl nicht vollends klar, wurde der Himmel doch rasch heller, und da der verbliebene Dunstschleier die Strahlen der Sonne nur gering zu dämpfen vermochte, sprachen alle Anzeichen dafür, daß der Tag, entgegen den Voraussichten des frühen Morgens, in der Ebene doch wieder heiß und drückend werden würde. Diese Aussicht schien am wenigsten die Lerchen zu verdrießen, die beiderseits unseres Pfades in der dunstigen Luft wie an unsichtbarem Bande hingen und mit nimmermüden Stimmen ihre Lebensfreude über die Felder zwitscherten. Auf einer Koppel, deren dürres Gras längst bis zur Erde abgefressen war, wurden Kühe von Fliegenschwärmen geplagt, von welchen einige, als wir näherkamen, sich allsogleich auf uns stürzten, bald aber, da offenbar kein süßer Schmutz an uns zu finden war, sich wieder dem lethargischen Rindvieh zuwandten. Von diesem blickte uns manches mit traurigen Augen nach; auch brüllte dieses und jenes, wohl enttäuscht, daß wir nicht das Futter gebracht hatten, das ihnen die verdorrte Weide schon lange nicht mehr geben konnte.

In Heringen, das wir gegen halb neun erreichten, frühstückten wir auf einer Bank im Freien; die Gaststätten waren noch geschlossen – aber im Konsum hatten wir uns mit Getränken versorgen können. Wir saßen schon eine Weile da, als uns der Zufall ein überaus amüsantes Zwischenspiel bescherte. Jenes kündigte sich an in Gestalt zweier Damen, die sich auf eine zweite, dicht neben der unseren stehenden Bank gesetzt hatten, und die Dir zu beschreiben ich mir jetzt das Vergnügen mache. – Beide waren nicht mehr ganz jung, und ich war vom ersten Augenblick an von ihnen entzückt, da sie sich auf lächerliche Weise in eine hehre Wolke von Vornehmheit zu hüllen versuchten. Schon als sie in unsere Nähe kamen, war mir aufgefallen, daß die eine des öfteren auf den Saum ihres langen Sommerkleides trat, was mich, wie auch Schilling, sofort mit schwer zu unterdrückender Heiterkeit erfüllte. Die Augen der beiden Grazien waren hinter tassengroßen Sonnengläsern verborgen, die bei der einen überdies noch von der gewellten Krempe eines großen Hutes beschattet wurden. Die andere hatte wie eine Filmdiva ein seidenes Tuch um ihr Haupt geschlungen. Das Tuch war an der linken Schläfe geknotet, wodurch zwei lange Zipfel entstanden, hinter denen ein weißgüldenes Ohrgeschmeide zigeunerisch funkelte. – Als sie an unserer Bank vorbeischwebten, konnten wir sehen, daß sie sich die Fußnägel blutrot lackiert hatten. So auch die pfeilspitzen Nägel der Finger, zwischen denen sie je eine Zeitung hielten, vermittels derer sie versuchten, ihren sonnengeröteten Hälsen ein wenig frische Brise zuzufächeln. Dabei redeten sie in einem fort und so, als habe sie jemand zutiefst beleidigt: „Haach, ist das heiß! Nein, so eine Hitze, nein!“ Sie setzten sich also neben uns, wobei sie ihre Nachbarn natürlich keines Blickes für würdig hielten. Freilich konnten sie diese Ignoranz nicht lange durchhalten, zumal wir unverhohlen zu den beiden hinüberstarrten, und so sah sich die eine bald bemüßigt, uns die Gnade eines Blickes zu schenken; selbstredend von gemessener Höhe herab, obwohl sie die kleinere von beiden war. – Schilling, der, wie mir schwante, schon irgendeine Narretei im Sinne hatte, fing diesen Blick mit einem Gesichtsausdruck ergebenster Dankbarkeit auf und erdreistete sich gar „Guten Tag, schreckliche Hitze heute, nicht wahr?“ hinüberzusagen. Er erhielt ein huldvolles Lächeln, was sich offenbar in seinen Plan bestens fügte. Und obwohl ich ihn dieses mentalitätsfremden Verhaltens wegen fragend ansah, schien er es nicht für nötig zu erachten, mich in sein Vorhaben expressis verbis einzuweihen, sondern stand stattdessen auf, ging hinüber, und mit einer makellosen Tanzstundenverbeugung stellte er sich vor: „Devousier, mein Name, Roman Devousier – gestatten die Damen, daß ich einen Augenblick Platz nehme?“ Du kannst Dir nicht vorstellen, mein Freund, wie das wirkte. Die beiden schienen aufs angenehmste verblüfft und, da ich nun auch einer Musterung unterzogen wurde, sich zu fragen, wie der seriöse Herr, der da vor ihnen stand, wohl in die Gesellschaft jenes bärtig-gammeligen Individuums gekommen sein mochte. Gleichviel rückten sie auf ihrer Bank auseinander, was Schilling richtig als Aufforderung verstand, sich zwischen sie zu setzen. Nachdem er sich nach beiden Seiten hin höflich bedankt hatte, fragte er: „Die Damen sind wohl auch fremd hier?“

„O ja, das kann man sagen. Wir machen nämlich Urlaub hier, wissen Sie ...“ Die andere fiel ihr ins Wort: „Puh! Urlaub ist ja wohl geschmeichelt. Es ist ja absolut nichts los hier. Überall nur Gegend – haach, wie mich das aufregt. Und dann die Leute, so gewöhnlich ...“

Schilling machte ein Gesicht überzeugendster Anteilnahme und sagte: „Oh, das kann ich Ihnen nachfühlen, meine Damen; man sieht ja auf den ersten Blick, daß Sie, nun ich möchte sagen, von anderer Kultur sind.“

Er erhielt einen dankbaren Augenaufschlag von der größeren.

„Haben Sie einen FDGB-Platz hier?“

Als hätte er bei dieser Frage eine Spinne erwähnt, verzog die mit dem mondänen Hut die Lippen, wobei im Make-up ihres Gesichtes allerlei faltige Arabesken entstanden und sich ihr Kinn, da sie den Kopf beinahe empört zu Schilling gewandt hatte, in mehreren Wellen zum Hals hin vervielfachte. „Bewahre! Wir sind natürlich privat hier“, sagte sie im Ton energischster Verwahrung, und als sei auch *ihre* Lauterkeit in Frage gestellt, ergänzte die andere sofort: „Sonst fahren wir ja immer ans Schwarze Meer oder an die Ostsee; diesmal wollten wir rustikal Ferien machen. Drüben ist das ja wahnsinnig schick jetzt – Urlaub auf einem Bauernhof und so ... Leider sind wir ziemlich enttäuscht. Diese Hitze! Haach, und dann dauernd nur spazierengehen. In Mamaia gibt es da ja ganz tolle Bars für die Abende; einmal haben wir sogar den Udo Jürgens getroffen. Haach, ich kann Ihnen sagen, das ist doch etwas ganz anderes, dieses internationale Fludium dort ...“

Spätestens hier hätte ich, wie Du Dir denken kannst, losbrüllen mögen, doch ich wußte immer noch nicht, was Schilling im Schilde führte, da er die lächerlichen Preziösen mit vollkommener Komödianterie nach wie vor in dem sie offenkundig entzückenden Wahne beließ, hier in der Provinz durch schicksalhafte Fügung einen ihrem eingebildeten Stande gemäßen feinen Herrn getroffen zu haben. Er schien meine Ratlosigkeit zu spüren, jedenfalls zwinkerte er mir hinter dem Rücken der einen zu, was ich so deutete, daß nun gleich das Finale kommen müsse. Diese Vermutung bestätigte sich sogleich, indem er nämlich aufstand und sich anschickte, mit einer wiederum vollkommenen Verbeugung sich von den Schönen zu verabschieden.

„Oh, Sie wollen schon gehen? Wie schade, man trifft hier so selten jemandem, mit dem man sich gepflegt unterhalten kann ..." bedauerte die eine, indes die andere mit kokettem Lächeln sofort nachfaßte: „Man könnte sich ja vielleicht nochmal treffen ... zum Tee ...? Wir wohnen da drüben in dem Bungalow."

Schilling lächelte gewinnend, verbeugte sich abermals und sagte: „Wie nett von Ihnen – zum Five o'clock tea also. Doch jetzt entschuldigen Sie uns bitte; zum Lunch sind wir bereits bei der Königin von England eingeladen, dort drüben auf dem Feld wird gleich unser Hubschrauber landen. War mir ein Vergnügen, meine Damen!"

Den beiden klappten gleichzeitig die Unterkiefer herunter, sie schnappten nach Luft, dann sprang die größere von beiden auf, sagte zu ihrer Freundin: „Komm!", und Schilling keines Blickes mehr würdigend, stoben sie untergehakt davon. Nach etwa zehn Schritten blieben sie stehen, drehten sich um, und die kleinere schmetterte: „Sie, Sie, Sie Pöbel, Sie!" Dann entwallten sie endgültig, erhobenen Hauptes.

Ich hatte schon vor dem empörten Abgang das Lachen nicht mehr halten können; jetzt, da Schilling sich wieder zu mir gesetzt hatte, ließen wir ihm freien Lauf, welches Formen annahm, die es ratsam erscheinen ließen, den Ort des Geschehens lieber zu verlassen, wollten wir nicht Gefahr laufen, durch die beleidigten Grazien von ferne gesteinigt zu werden.

Nun bin ich mir, mein Freund, Deines Beifalls zu jener Schandtat nicht unbedingt sicher – möglicherweise verurteilst Du unseren Scherz als Taktlosigkeit. Dies würde ich bedauern, denn aufkommende Humorlosigkeit bei Dir wäre ein Grund, sich ernsthaft um Dein Befinden zu sorgen. Aber sicherlich habe ich mich jetzt müßigen Gedanken hingegeben, was ich auch sogleich unterlassen und statt dessen fortfahren will, Dir von unserer Wanderung zum Cufese, wie jenes Gebirge im zwölften Jahrhundert genannt wurde, zu erzählen. – Nach obigem Intermezzo schnürten wir unser schmales Gepäck, ließen uns im Kaufladen das Pfandgeld für die geleerten Flaschen zurückzahlen und verließen Heringen Richtung Auleben, von wo aus, nach meiner Karte zu urteilen, ein schöner Wanderweg am Stausee vorbei nach Kelbra führen mußte. Tatsächlich kamen wir hinter Auleben in eine anmutige Hügellandschaft, wo zwischen welligen Feldern und Kirschbäumen sich Hecken und kleine Waldflecken zwanglos gruppieren und unseren Blicken allenthalben die angenehmsten Überraschungen boten. Allein die Kirschbäume waren plantagenartig in mehreren Reihen hintereinander gestaffelt und übervoll mit schönsten reifen Früchten. Wir verkniffen es uns nicht, immer wieder anzuhalten, um unverfroren und wacker Mundraub zu begehen. In manchen Bäumen standen, da die Ernte schon begonnen hatte, sogar Leitern – wie hätten wir da der Versuchung widerstehen sollen? Der Wahrheit halber will ich aber nicht verschweigen, daß Schilling – wie's dem Philosophen frommt – sich, im Gegensatz zu mir, durchaus mäßigte. Diese Selbstzucht kam unserem Zeitplan zugute, denn wenn es nach mir gegangen wäre, hätten wir den Tag ohne Mühe mit Kirschenessen und ähnlichem Müßiggang vertrödeln können. So aber mühte auch ich mich, nicht öfter als aus Zeitgründen vertretbar abseits in die Kirschplantagen zu driften, so daß wir bald am Kelbraer Stausee anlangten. Längs des Südufers dieses großflächigen künstlichen Sees, der die Wasser der Helme staut, war es nun nicht mehr weit bis nach Kelbra, welches Städtchen heute vielleicht viertausend Seelen beheimatet und wie alle Siedlungen am Fuße des Kyffhäusers auf eine bemerkenswerte Vergangenheit verweisen kann. Doch dazu vielleicht später ein paar Worte. Zunächst ließen wir uns weder vom heiteren Betrieb am ausgedehnten Strandbad noch von der auf großen Schildern verlockend angepriesenen Möglichkeit einer Bootspartie neuerlich versuchen, sondern strebten jetzt etwas schleuniger nach Kelbra, um uns Sicherheit für den nächtlichen Verbleib daselbst zu verschaffen. Wir fanden auch sehr schnell ein Hotel (*das* Hotel, denn es gibt kein weiteres), wo – zufällig! wie man uns mit gebührendem Stolz versicherte, noch ein Zimmer für uns frei war. Da Du schon selbst hinlänglich oft in Hotels übernachten mußtest, weißt Du ja über die Anmeldeformalitäten Bescheid und auch, daß man dabei auf einem entsprechenden Formular unter anderem den Beruf einzutragen hat. Schilling schrieb, was rechtens ist, *Philosoph*, obgleich sein nicht auf den neuesten Stand gebrachter Ausweis an entsprechender Stelle *Student* vermerkt. In meinem Ausweis steht unter Beruf *Maurer* sowie ein Änderungsverweis auf hintere Seiten des Legitimationsheftes, so daß ich auf den Anmeldezettel *Schriftsteller* schrieb, was, wie ich hoffe, auch rechtens ist. Das reizende Fräulein an der Rezeption verglich die Angaben auf den Scheinen mit denen der Ausweise, stutzte, sah uns an, wir lächelten unbefangen, dann zuckte sie die Schultern und schüttelte kaum merkbar den Kopf, als wolle sie sagen: Komisch, wofür sich manche Typen heutzutage ausgeben. Dennoch schien ihr diese mögliche Hochstapelei noch kein Grund für eine Korrektur der Anmeldeformulare zu sein. Sie gab uns also den Schlüssel, wobei sie mich recht eigenartig ansah, nicht mißtrauisch, eher mitleidig, und sagte: „Erster

Stock links; Bad und Toilette sind neben Ihrem Zimmer." Wir dankten, sagten, daß wir jetzt noch nicht zu baden gedächten, es sei denn, sie könnte sich erbötig zeigen, uns den Rücken zu waschen. Da dies aber kaum zum Service des Hotels gehöre, möge sie uns sagen, wo wir zu Mittag essen könnten, und hernach, welches der empfehlenswerteste Weg zum Kyffhäuserdenkmal wäre. Der Scherz wurde uns nicht verübelt, sie lächelte sogar, empfahl uns zum Mittag das Hotelrestaurant, und um zum Kyffhäuser zu gelangen, brauchten wir uns nur nach den entsprechenden Beschilderungen zu richten.

Im Restaurant wurde gerade eine Reisegruppe verpflegt, deshalb beschlossen wir, erst oben, an unserem Ziele, zu speisen. Dorthin zu gelangen, folgten wir zunächst der Straße, die über das Kyffhäusergebirge führt und Kelbra mit Bad Frankenhausen verbindet. Als es sich anbot, wählten wir einen schöneren Weg, um als erstes die Ruinen der Rothenburg zu erreichen, die wir von Kelbra aus schon über der Helmeniederung hatten thronen sehen. – Hier, mein Freund, will ich Dich wieder an das Zitat am Anfang meines Briefes erinnern. Noch nie zuvor, auch im Eichsfeld nicht, bin ich durch solch erhabenen Wald aus Eichen und Buchen gegangen, eben so, als stiege ich mitten in ein Bild von Carl Gustav Carus hinein. Oft blieb ich stehen, die rissige Rinde der ungeheuren Bäume zu berühren, als könnten sie mir dadurch etwas übertragen von ihrer urgewaltigen Kraft. Doch, jetzt kann ich mir schon vorstellen, wie die Eiche als Symbol für Kraft und Unbezwingbarkeit in die Mythen unserer Vorfahren gelangte. Mit jedem Schritt, den wir höher hinaufstiegen in das Gebirge, überkam mich unbändiger eine Lust auf Musik. Es war tatsächlich, als wollte der Wald sprechen; freilich nicht in einem platt-allegorischen Sinne, wie mir ein griesgrämiger Rationalist, der meint, ich hätte mich in eine mystische Märchenwelt enthusiasmiert, überschnell ankritteln könnte. Natürlich sagte kein Baum zu mir: ‚Sei gegrüßt, lieber N., in unserem heiligen Hain', natürlich konnte ich dem Rascheln des Laubes nicht entnehmen, ob sich die Bäume über die mögliche Wiederkunft Kaiser Barbarossas unterhielten oder, wie die Menschen, die ewige Sonnenglut dieses Sommers beklagten; und auch die Felsbrocken am Wege blieben, so gesehen, stumm wie vor hunderttausend Jahren. Und doch empfing ich in jenen Stunden von der Natur eine Offenbarung, die ich Dir nicht anders beschreiben kann, als daß ich Dir sage: Mir wurde das Herz so weit vor lauter Liebe, daß ich sie allsogleich hätte verschwenden wollen an alles und jeden; wo sonst zuweilen dumpfe Gedanken das Gemüt belasten, tanzten blumige Luftballons in heiterem Reigen, und alles in mir war Musik und Poesie und Malerei. Grad so war mir, als hätte ich einen Tempel betreten, und wie der Hindu vor seinem Gotteshaus die Schuhe ausziehen muß, hatte ich allen Griesgram, jede Traurigkeit und die versteckteste Angst draußen lassen müssen, um nun mit unbeschwerten Sinnen lauschen zu können, wie die Natur ihr ewiges Ritual zelebrierte.

Du fragst, ob mir das nicht auch anderswo in unserem an landschaftlichen Schönheiten so reichen Land hätte passieren können? Vielleicht – aber wahrscheinlich doch nicht mit der nämlichen Macht. Hier am Kyffhäuser wirkt die Landschaft doppelt heftig aufs Gemüt: zum einen über die Sinne, die sich berauschen an der Schönheit, zum anderen über die Gedanken an Vergangenes, die sich notwendig und hartnäckig einstellen mit beinahe jedem Schritt. Es ist so schwer zu erklären, mein Freund, und wenn ich Dir sage: ‚Hier fühlte ich mich so ungemein deutsch', dann wirst Du vielleicht die Nase rümpfen, denn für allzuviel Unheil wurde in den Weltenläuften schon mit dem Nationalitätensiegel *Deutsch* gezeichnet. Wo andere Völker sich mit ihrer Nationalität schmücken, sie wie ein kostbares Geschmeide hüten und weitergeben von Generation zu Generation, tragen wir Nachgeborenen der Deutschen eine rostige Kette, deren Klirren uns immer erinnern soll an all den Frevel, der in deutschem Namen der Erde schon geschah. Und doch sind in die groben Glieder dieser Kette viele Edelsteine gefaßt; Brillanten von wasserklarem Funkeln, Rubine von sonnengleichem Feuer, Smaragde von unergündlicher Tiefe, und immer wieder Perlen von wundersamem Glanze. Wie will man diesen Schatz nicht lieben? Und wär er tausendmal von üblen Kämmerern geschändet, verscharrt und gegen wohlfeilen Tand getauscht! So oder ähnlich sprach der Kyffhäuserwald zu mir. – Wir hatten, wie wir so durch die steilen Kerben der Berge stiegen, nicht miteinander gesprochen, und doch glaubte ich, daß es ähnliche Gedanken waren, die auch Schilling bewegten.

Da von Norden kommend, mußten wir einen sehr steilen Aufstieg in Kauf nehmen, dessen beschwerlichsten Teil wir jedoch hinter uns hatten, als wir rasteten, zu unseren Füßen die Ruinen der Rothenburg. Was ich, der eigenen Neugier folgend und um es Dir mitteilen zu können, an Geschichtlichem von der einstigen Feste in Erfahrung zu bringen vermochte, ist recht dürftig. Danach soll sie im elften Jahrhundert gegen die Sorben erbaut worden sein – ich könnte mir auch einen späteren Zeitpunkt denken, denn an den Ruinen sind schon deutlich gotische Stilelemente wahrzunehmen. Da aber die jetzt noch zu beschauenden Reste der Burg durchaus auf den Fundamenten einer weit älteren stehen können, ist ein sicherer Schluß auf die Zeit, da der Berg zum ersten Male bebaut wurde, nur schwer möglich. Von den Hausherren läßt sich sagen, daß sie, wie in Ritterzeiten üblich gewesen, infolge politisch-privater Fehden und eines für uns Heutige schwer durchschaubaren Erbrechtes oft wechselten. Dem letztbekannten sei die Ehre, hier genannt zu werden: Bethmann von Tütcherode. Außer daß er dem Feudaladel angehörte, ist nichts Nachteiliges über ihn bekannt. Du siehst also, lieber R., eine Allerweltshistorie, allein in deutschen Landen tausendfach anzutreffen.

Einmalig hingegen ist der *Püsterich*, jene vielbesprochene Bronzefigur von vierundsechzig Zentimetern Höhe, hohlgegossen und darstellend einen knienden Knaben von unförmig dicken Verhältnissen. Dies Unding soll während der Hausherrenzeit eines derer von Tütcherode im sechzehnten Jahrhundert in einer unterirdischen Kapelle gefunden worden sein. Seither entstand eine stattliche Reihe von Abhandlungen, in denen un-, halb- und gewichtige Geister öffentlich mutmaßten über Herkunft, Sinn und Zweck der geheimnisvollen Figur. Irgendwann las ich mal bei Goethe über den greulichen Püsterich; leider weiß ich die Quelle nicht mehr. Von all diesen Auslegungen also will ich Dir die nennen, der ich mich, weil sie mir die sympathischste ist, am ehesten anschließen würde: Der Püsterich, so argumentierte 1805 ein Bergkommissar zu Nordhausen, ist ein Destilliergerät mit dem für die Rothenburgischen Grafen aus schlechtem Wein konzentrierter – sprich: Branntwein – hergestellt wurde. Na bitte, nichts ist so geheimnisvoll, als daß nicht ein pragmatischer Kopf eine profane Erklärung dafür fände! Der Püsterich soll übrigens im Sondershäuser Museum zu sehen sein.

Von der Höhe der Rothenburg aus erreichten wir, ohne noch wesentlich steigen zu müssen, bald den Gipfel des Gebirges, wo wir neuerlich die Chaussee tangierten und Wegweiser an einer Kreuzung uns geboten, östliche Richtung einzuschlagen. Dieses Hinweises hätte es aber gar nicht mehr bedurft, denn von dort aus konnten wir das Kyffhäuserdenkmal bereits in unmittelbarer Nähe sehen. Auch, in anderer Richtung freilich, den Fernsehturm auf dem nahen Kulpenberg, aber den zu besuchen stand nicht auf unserem Tagesprogramm. Wir gingen weiter auf einem steinigen Kammweg gen Osten, und weil dort oben vornehmlich Strauchwerk und Krüppelgehölze den kargen Boden bewachsen, litten wir erheblich unter den Strahlen der nunmehr wieder prall im Himmel stehenden Sonne. Eine Viertelstunde weiter, und nun schon ganz dicht beim Ziel, stand am Rain ein Schild, das uns aufs höchste erheiterte. „Waldsportplatz Kyffhäuser" war darauf zu lesen und darunter zu sehen eine Karikatur, die ihrem Schöpfer vorzüglichen Esprit bescheinigt. Vor dem stilisierten Hintergrund des Kyffhäusers turnt Kaiser Barbarossa in lausbübischer Manier und mit wehendem Hermelinmantel an einem Barren. Und da auch einer der berühmten Raben auf dem Bilde zu sehen ist (fast scheint es, als hätte er auf einem der Barrenholme geschlafen und wäre nun recht unwillig über die Störung durch den übermütigen Kaiser), ist dem Maler ein trefflicher Streich gegen latente Volkstümelei gelungen. Aber auch jenen, die allzu griesgrämig über die alten Mythen wettern, sei die genaue Betrachtung jenes Schildes kurz vor dem Kyffhäuserdenkmal wärmstens empfohlen. Du stutzt, mein Freund; meinst Du, ich wollte jene Ritter wider den Aberglauben attackieren? Aber nein doch! Nur, da sie von der Sieghaftigkeit ihrer Lehren ohnehin fest überzeugt sind, sollten sie sich des didaktischen Kunstgriffes der Ironie gegenüber dem Gegenstand und sich selbst als probatem Mittel gegen die Zweifel einer Minderheit der zu Belehrenden durchaus nicht begeben; es könnte ihren Erfolg nur vermehren.

Vielleicht sollte ich Dir jetzt, quasi als Einstimmung in die bevorstehende Beschreibung des Kyffhäusererlebnisses, eine Sage vom Kaiser Friedrich erzählen? Oder nein! Da ich eben schon einer meditativen Abschweifung erlag, will ich mir dies lieber für einen späteren Zeitpunkt aufsparen. Auch werden sich möglicherweise im weiteren Bericht schon bald freie Enden in meiner Erzählung ergeben, die sich durch ein solches Histörchen vortrefflich verbinden lassen. – Weiter also, es sind nur noch wenige Schritte bis zu den Resten jener Burg, die einst die stärkste Thüringens und eine der größten deutschen Burgen überhaupt war. Von den Burgruinen war aber zunächst nicht allzuviel zu sehen. Wie die Feldlinien eines riesigen Magneten führen alle Wege der näheren Umgebung, und so auch der, auf dem wir kamen, hin zu jenem trotzigen und protzigen Monument, das für anderthalb Millionen Reichsmark in den Jahren 1890 bis 1896 auf Befehl des zweiten Hohenzollernkaisers mitten in die einstige Anlage gebaut wurde. Da es beleidigend anmuten müßte, *Dir* einen Vortrag über die ideologischen Hintergründe des Denkmalbaus halten zu wollen, will ich das Papier lieber nutzen, Dir von dem unleugbaren Eindruck zu berichten, den es als Bauwerk trotz allem auf mich machte. Einundachtzig Meter hoch türmt sich der Pyramidenstumpf aus riesigen Steinquadern auf dem felsigen Naturfundament. Von der großen Terrasse am Fuße des Denkmals tritt man durch gedrungene, in neoromanischer Manier erbaute Rundbögen an eine Balustrade und blickte hinab in einen Felsenhof, wo unter nämlichen Rundbögen auf einer Steinbank Kaiser Barbarossa sitzt. Der Bildhauer Nikolaus Geiger hat ihn so in den Stein gehauen, als wäre er eben im Aufstehen begriffen, um endlich die Schuldigkeit zu tun, zu der ihn die Sage schon so lange verpflichtet. Ich betrachtete mir recht lange den uralten steinernen Kaiser, und wenngleich ich nicht verhehlen kann, daß vor den schwermütigen Zügen und der hehren Sinnlichkeit der Figur mir mancher ehrfürchtige Gedanke kam, war ich beim Weitergehen doch recht froh und erleichtert in der Gewißheit, daß es zum Glück für immer bei der Geste des Wiederaufstehen*wollens* bleiben wird. Für Kaiser Friedrich ebenso wie für jenen, der als neun Meter hoher Reiter weiter oben aus der Ostwand des Turmes gleichermaßen herausreitet. Diesen, Wilhelm I., zu verherrlichen, verdankt das baukünstlerisch bedeutsame Denkmal seine Entstehung. Von Bruno Schmitz, dem Architekten des Leipziger Völkerschlachtdenkmals, wurde es entworfen und von vierhundert Arbeitern, vornehmlich aus dem nahen Frankenhausen, erbaut. Fünfundzwanzigtausend Kubikmeter Stein haben sie bearbeitet und vermauert – wer mag die Mühen und Plagen der Bauleute heute ermessen? Wer von denen, die sagen, dieses Denkmal entspräche nicht mehr unserem heutigen Stilempfinden, will dem Architekten subtilen Sinn für kompositorische Schönheit, den Steinmetzen handwerkliche Meisterschaft absprechen? Ungeachtet aller berechtigten Einwände gegen die einstigen Bauherren: das Werk, das sie zu *ihrem* Lobe in Auftrag gaben, hat sie überdauert, nun lobt es die Meister, die es schufen.

Von den Terrassen am Fuße des Denkmals schon kann man weit hinaus ins Land blicken; wie unvergleichlich würde erst der Blick von oben sein, wo unter der steinernen Krone sich die Aussichtsplattform befindet! Bevor wir jedoch hinaufstiegen, wollten wir uns zunächst stärken, denn seit dem denkwürdigen Frühstück in Heringen hatten wir tapfer gefastet. Wir gingen also zur nächsten Gaststätte, die sich, „Grillbar" geheißen, auf einem Plateau zwischen dem Denkmal und den Ruinen der Oberburg befindet. Dort verspeisten wir gebratene Hühnerteile und begaben uns dann, nach angemessener Verdauungspause, zum Turmaufstieg. Im Innern des Denkmals umfing uns sogleich die wohltuende Kühle eines gewaltigen Domes, in dessen Kuppel sich die Geräusche der treppensteigenden Menschen zu polyphonem Hallen brachen. Frage mich nicht, mein Freund, wie viele Stufen man bis zur Turmspitze zu steigen hat; ich habe sie nicht gezählt – jedenfalls waren wir einigermaßen außer Atem, als wir sie hinter uns hatten.

Oben empfing uns heftiger Wind und ein Ausblick von seltenem Reiz. Nach welcher Seite man sich auch wendet, immer umfaßt der Blick ein Panorama. Jenseits des Helmetales türmen sich im Norden die buckligen Berge des Harzes. Östlich, im Mittelgrund des Bildes, Sangerhausen mit seinen Türmen und der großen Abraumhalde des Kupferschieferbergwerkes, die wie ein riesiger Maulwurfshügel aus der Goldenen Aue emporragt. Nach Süden hin die Thüringer Pforte bei den Sachsenburgen, wo sich Unstrut und Wipper treffen; dahinter, eher zu ahnen denn zu erkennen, im Dunst des Horizontes die Türme des Erfurter Domes. Am westlichen Horizont Nordhausen und die Windleite, hinter der sich das Thüringer Becken im Flimmern der hitzigen Luft verliert. – Dies alles sah ich, war sprachlos vor Staunen und verstand nunmehr, warum die Lerchen so nimmermüde jubilieren, wenn sie droben im Himmel stehen. Schilling indes war schon verzückt von all den Lieblichkeiten, die am Fuße des Berges zu sehen waren. Er breitete die Arme aus, als wolle er die heraufbrandenden Eichenwälder umfangen, und sagte: „Diese Auen könnten es gewesen sein, in denen Ofterdingen sanften Sinnes schlief." Nun, waren es nicht jene, dann waren es andere – schöner jedoch, anmutiger können sie nicht gewesen sein! Lange standen wir so auf der Plattform und ergingen uns, genossen die seltene Erhabenheit der *Herab*schau, aus welcher einem die Welt heil erscheint. Während ich mein Gemüt ganz der Zwiesprache mit den Augen überlassen hatte, schrieb Schilling etwas in sein Notizbuch. Von Mal zu Mal sah er auf, lächelte hinaus in die Landschaft, und sein Gesicht nahm dabei einen Ausdruck an, als schwebe er für Augenblicke irgendwo da draußen, in Regionen, die nur die Vögel und die Dichter kennen, und es störte ihn wenig, daß andere Leute das komisch finden könnten. Allmählich aber, die Gesichter der Turmbesucher hatten längst zu mehreren Malen gewechselt, zerrte der Wind doch so heftig an unseren dünnen Sommerhemden, daß uns fröstelte, und so stiegen wir nach einem letztmaligen Rundgang schließlich wieder zur Erde hinab. Wieder auf dem Burghof, fanden wir uns in einer Verfassung, die eben recht war, noch weiteres an Schönheit zu suchen und zu entdecken. Hierfür schienen uns am ehesten die Ruinen der Oberburg geeignet. Als wir näherkamen, sahen wir jedoch, daß uns eine Besichtigung der Stätte wohl versagt bleiben würde, denn eine verschlossene Pforte versperrte den Aufgang. Da aber kein Schild, wie sonst üblich, diese Maßnahme mit Einsturzgefahr oder ähnlichen Fährnissen begründete, beschlossen wir kurzerhand, sie für ungerechtfertigt zu halten, überkletterten die Schranke und waren nach zwei, drei Sprüngen im Geröll und Gestrüpp der einstigen Burganlage verschwunden. Wir krochen eine Weile umher, viel war nicht mehr zu sehen, allein die stattlichen Reste des klobigen Bergfrieds künden noch von der mittelalterlichen Burg Kyffhausen. Von den anderen Gebäuden sind nur die Grundmauern geblieben, und auch sie sind längst von Gräsern und Dornenbüschen überwuchert. Nichts konnte uns aber lieber sein als das, denn dieser Umstand war, im Verein mit der verschlossenen Tür am Aufgang, Gewähr dafür, daß man hier nach Herzenslust allein sein könnte, ohne ständig im vielköpfigen Touristenstrom irgendwohin geschoben zu werden. Zumindest meinten wir das, bis plötzlich über einem Mauerrest ein Männerkopf erschien, der offenbar Oberhaupt einer Familie war, denn im Hintergrund hörten wir fragen: „Was siehst'n, Baba?“ Der Mann, der wahrscheinlich im Klimmzug an der Rückwand der Mauer hing, fragte uns mit vor Anstrengung gepreßter Stimme: „Wi sinn'sen da rein gegomm?“ Nun hätten wir ja durchaus vernünftig antworten können, aber weiß der Teufel! irgendwie saß uns der Schalk im Genick, und so extemporierte ich folgende tiefsinnigen Verse:

Willst du dich andachtsvoll bewegen
in jener Mauern altem Chor,
mußt du behende dich begeben
zu jenem Türlein, das davor.

Des Mannes Gesicht, das durch die Anstrengungen des Klimmzuges ohnehin schon verkrampft war, rutschte jetzt einen Zug ins Ängstliche, doch Schilling schlug erbarmungslos nach:

Sei frohen Muts und überspring
das Pförtlein, das so trutzig
den Weg versperret dir zum Thing
Viel Ding wirst schauen, die dir nutzig!

Dann machte es plumps! und der Mann war verschwunden. Wir hörten noch eine besorgte Frauenstimme fragen, was denn um Gottes willen mit ihm los sei, doch da wir seine Antwort nicht mehr verstehen konnten, hielten wir es für angebracht, uns rasch wieder unter die Menge der zivilisierten Besucher zu mischen, noch ehe der schockierte Mann beim Aufsichtspersonal die Erscheinung zweier Irrer in der Oberburg anzeigen konnte. Wir versuchten also möglichst ungesehen wieder aus dem verbotenen Bereich herauszukommen; dies gelang uns auch leidlich. Ein älteres Ehepaar, das uns dabei beobachtete, schien eher unsere sportliche Leistung beim Übersteigen des Zaunes zu bewundern, als sich nach der Rechtmäßigkeit dieses Tuns zu fragen. Wieder auf erlaubtem Terrain, erregte eine Menschenansammlung unsere Neugier. Die Leute standen dichtgedrängt unter einem kleinen Kegeldach und hatten sich vornüber gebeugt, als lehnten sie auf einem Geländer. Als wir näherkamen, erkannten wir in dem vermeintlichen Geländer einen Brunnenrand. Ein dabeistehender Rentner mit imposantem Bauch versah den Dienst des Erklärers, indem er ein Tonband bediente, auf dem mit wenigen Sätzen die Daten des

Brunnens gespeichert waren. Am Ende der Erklärung goß er jedesmal einen Schwapp Wasser in den Schacht, wartete, bis nach einigen Sekunden die Umstehenden Ah! und Oh! riefen, und sorgte dann mit energischer Stimme und in örtlichem Dialekt dafür, daß die vorderste Reihe der Staunenden den hinter ihnen Stehenden Platz machte. Bei dieser Tätigkeit schien er ein ausgezeichnetes Personengedächtnis entwickelt zu haben, denn mehrere Male verweigerte er eine neue Vorführung mit der Begründung: „He, du da! du warst doch schon da. Zurücktreten!" Infolge dieser straffen Leitungstätigkeit des Alten kamen auch wir sehr rasch in die erste Reihe und in die Lage, uns beim Hinabsehen in den 176 Meter tiefen Schlund ein Schwindelgefühl zu holen. Ein Schwindelgefühl, das bei mir zur Beklemmung wuchs, als ich erfuhr, wie der Brunnen in den Fels getrieben worden war: in jahrelanger mörderischer Fronarbeit von leibeigenen Bauern und nahezu mit bloßen Händen. – Schließlich konnten wir noch das Experiment mit dem hinabgeschütteten Wasser beobachten; wie sollte es anders sein, die physikalischen Gesetze des freien Falls erwiesen sich einmal mehr als stichhaltig – nach wenigen Sekunden verdunkelte sich der zuvor weißglänzende Spiegel am Grunde des Brunnens. Ohne des Brunnenmannes Aufforderung abzuwarten, nahmen wir dies zum Anlaß, unseren Platz für Neuhinzugekommene zu räumen.

Nun wollten wir eigentlich noch das Burgmuseum aufsuchen, doch da es nicht geöffnet war, beschlossen wir den Heimweg. Da die Zeit uns noch ausreichend schien, wollten wir jenen über Tilleda, die einstige Kaiserpfalz, nehmen.

Den Abstieg jedoch, lieber R., will ich Dir nächstens beschreiben. Zum einen habe ich die Geduld des Briefpapieres heute schon reichlich in Anspruch genommen, zum anderen ist Schilling, der ein wenig ruhte, soeben erwacht, was ich so verstehe, daß er gleich mir den Wunsch verspürt, zu Abend zu essen. Harre also meiner nächsten Zeilen, bis zu deren Ankunft ich Dich herzlich grüße!

Dein N.

Kelbra, 8. 7. 1977

Lieber Freund,

jetzt nur wenige Zeilen, zum einen, um die Verhältnisse in den Brieflängen wieder herzustellen, zum anderen wollen wir in Kürze aufbrechen, die Barbarossahöhle aufzusuchen.

Tilleda erreichten wir gestern nicht mehr; die Wanderwege auf dem Kyffhäuser sind schlecht beschildert. In Ermangelung von Wegweisern also stiegen wir querfeldein den Berg hinab in der Hoffnung, an seinem Fuße Tilleda vor uns liegen zu sehen. Und obwohl uns diese Überlegung, gemessen an dem, was wir vom Turm aus gesehen hatten, völlig richtig erschien, fanden wir uns nach einer gefährlichen Rutsch- und Stolperpartie nicht etwa auf dem Pfingstberg vor Tilleda, sondern in einer Kirschplantage wieder. Eine Betrachtung der Landkarte ergab, daß wir stark westlich abgedriftet waren. Da nun aber der Nachmittag sich schon sichtbar dem Abend neigte, zogen wir es vor, direkt nach Kelbra zurückzuwandern und auf die Besichtigung der kaiserpfälzischen Ruinen zu verzichten. Dieser Entschluß gab uns obendrein die Möglichkeit des gemächlichen Nachhausewegs, was um so angenehmer war, als prallgefüllte Kirschbäume ihn flankierten. Wie wunderschön muß es im Frühling hier sein, wenn die Kirschbäume zu Hunderten blühen! Dann sieht man vom Kyffhäuser wohl ein Meer von Blüten, und die Luft ist gefüllt vom Summen der Insektenschwärme. Jetzt aber ist nicht lauer Frühling, sondern Hochsommer, und die Sonne ist heuer verschwenderisch wie nie. Gestern, da wir heimwärts

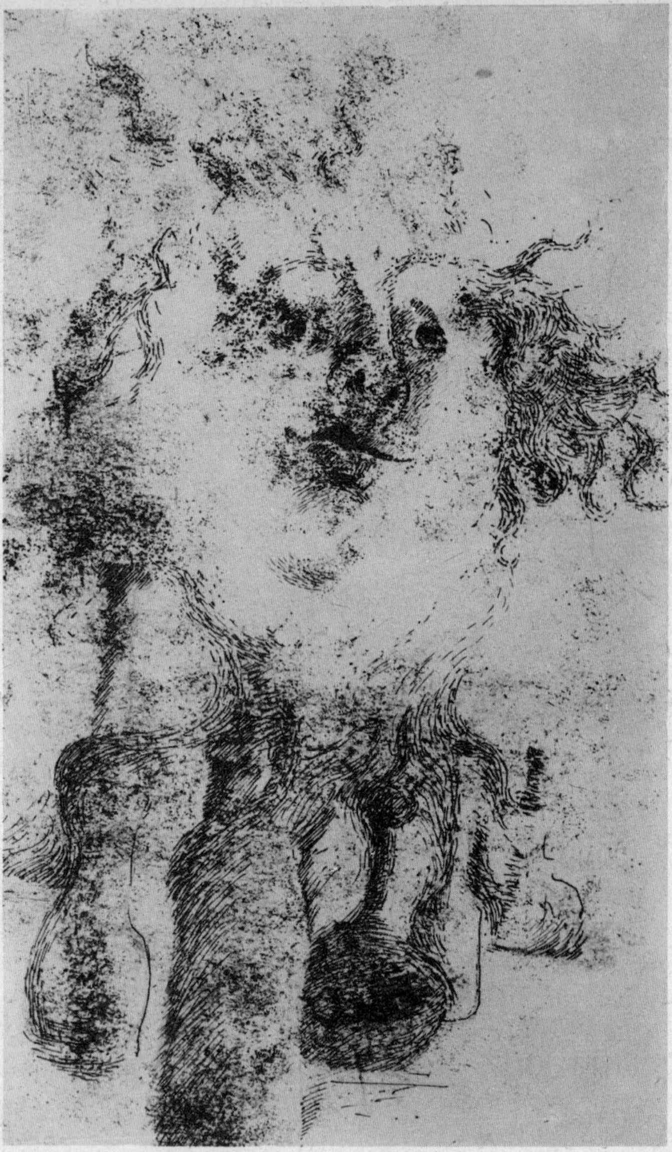

zogen, näherte sie sich schon dem Horizont, und als wir nach zwei Wegstunden in Kelbra anlangten, dämmerte es bereits. Das Fräulein, auf das wir bei der Anmeldung am Vormittag womöglich einen recht absonderlichen Eindruck gemacht hatten, stand nicht mehr an der Rezeption; ihren Dienst versah jetzt ein Mann, der wohl der Chef des Hauses war. Mindestens die würdige Gebärde, mit der er uns den Zimmerschlüssel aushändigte, gab zu dieser Vermutung Anlaß. Da wir rechtschaffen müde und staubig die Empfangshalle betreten hatten, mochte er vielleicht auch denken, infolge Nachlässigkeit seiner Dienstvorgängerin hätten sich zwei Landstreicher in sein first-class-Hotel eingemietet – jedenfalls fragte er uns, ob wir die Übernachtung nicht gleich bezahlen wollten. Nun gut, wir bezahlten also im voraus; warum hätten wir das Wachsamkeitsbedürfnis des Mannes nicht befriedigen sollen. Danach nahmen wir je ein Bad, welche Erfrischung ungemein wohltat, doch bei uns beiden völlig unterschiedliche Nachwirkungen zeitigte. Indes ich Dir einen langen Brief schrieb, legte sich Schilling hin, um, wie er vorgab, ein wenig zu lesen. Doch schon nach wenigen Minuten war er fest eingeschlafen.

Als er wieder erwachte, war es schon beinahe zehn, und wir sahen uns zur Eile genötigt, wollten wir im Hotelrestaurant noch mit Essen bedient werden. Erwartungsgemäß wurde unser Begehren vom Kellner mit einigem Befremden zur Kenntnis genommen – er wisse nicht, ob die Küche zu dieser Zeit noch etwas zubereite. Als wir ihm jedoch zu verstehen gaben, daß wir nach der Speisung noch einigen Rotwein zu trinken gedächten, vollzog sich in seinem Gesicht eine Metamorphose vom Bärbeißigen ins gedämpft Philanthropische, und verständnisinnig murmelte er: „Ach so ist das – na ja, dann brauchen die Herren natürlich vorher eine Grundlage im Magen, einen Augenblick, ich bringe Ihnen die Abendkarte.“ Verbeugung. Ab.

So wurde der Abend noch recht fröhlich, was darin gipfelte, daß Schilling stehend und mit ekstatischer Gebärde aus Rilkes Duineser Elegien rezitierte. Rilke gehört zu Schillings erklärten Lieblingsdichtern, und jener läßt keine Gelegenheit aus, sich zu dieser Liebe zu bekennen. Bei den anderen Gästen im Lokal stieß dieses Happening freilich auf entschiedenen Unwillen, denn Schillings Deklamationen übertönten mühelos alle anderen Gespräche im Raum. Ich versuchte ihn einige Male behutsam zu dämpfen, was mir zunächst auch gelang, aber stets nur von kurzer Wirkung blieb, denn schon nach einigen Versen hatte er sich bereits wieder enthusiasmiert, und hinter seinen Brillengläsern funkelten die Augen, als gelte es für eine heroische Sache in die Schlacht zu ziehen. Man wird sich in Kelbra dieses Abends wohl noch einige Zeit erinnern.

Jetzt aber, mein Bester, wollen Schilling und ich losgehen, des Stauffenkaisers unterirdische Residenz zu besuchen. Vielleicht wird Dich von dort schon mein nächster Brief erreichen. Solange sei gegrüßt!

N.

Bad Frankenhausen, 9. 7. 1977,
am Nachmittag

Lieber R.!

Das Erlebnis der Barbarossahöhle liegt jetzt hinter uns, und ich muß sagen, es machte auf mich einen weniger nachhaltigen Eindruck, als die Vorstellung davon schillernd gewesen war. Es erging mir hier ähnlich wie unlängst beim „Eichsfelder Dom“. Besonders schön hingegen war der Weg dorthin, der uns am Westrand des Kyffhäusergebirges entlang durch hügeliges Land führte, vorbei an weißrosa Mohnfeldern (Schilling meint, diese Farbe wäre morbid –

verstehst Du das?), an gewaltigen Felswänden, wo der Kyffhäuser jach abfällt und vor Zeiten Bergbau betrieben wurde, und freilich immer wieder durch Kirschalleen. Ein Drittel des Weges hatten wir hinter uns, als wir den Flecken Steinthaleben passierten, wo wir unvorsichtigerweise in eine Schafherde gerieten, von welcher Begegnung unsere Hosenbeine noch jetzt höchst geruchsintensiv Mitteilung machen. Der blökenden Herde entkommen und wieder auf freiem Felde, wanderten wir bis zum Ziel wohl noch eine Stunde, die wir uns mit ersprießlichem Dialog verkürzten und während der ich des öfteren in heftiges Lachen geriet, denn ab und an flocht Schilling sinnige Sentenzen über die schmerzhaften Folgen nächtlicher Trinkgelage in das ansonsten sachliche Gespräch.

Die Barbarossahöhle. Nun gut, sie ist die größte Gipshöhle Mitteleuropas, aber dies gilt sicherlich bloß für die Flächenausdehnung, denn was Höhe und Monumentalität der Räume angeht, soll es noch größere Gipshöhlen geben. (Eine davon, die sogenannte „Heimkehle", will ich noch besuchen.) Wir wurden zusammen mit zirka dreißig anderen Neugierigen durch einen hundertsechzig Meter langen, leicht abfallenden Stollen in den Berg geführt. Es ist sehr feucht dort, und je tiefer man kommt, desto kühler wird es – in den Höhlenräumen herrschen sommers wie winters neun Grad Celsius. Am Ende des Eingangsstollens wurden wir in den „Empfangssaal" gebeten. Es ist dies ein breiter Raum, und die Führerin unseres Rundgangs erwähnte die gleichmäßig geformte Gestalt des Deckengewölbes als bemerkenswert. – Um Dir die Vorstellung von den unterirdischen Räumen zu erleichtern, sollte ich, bevor ich sie weiter schildere, Dir vielleicht einiges von dem vor wenigen Stunden erworbenen Sachwissen über die Entstehung der Höhle mitteilen. Höre also, was ich von den Belehrungen der Höhlenführerin behalten habe (viel ist es nicht, da ich vornehmlich ihre reizende Gestalt betrachtete): Die Barbarossahöhle stellt eine sogenannte Laughöhle dar. Vom Süden her drangen die Wasser des Thalebener Baches an Klüften und Spalten in das Gipsmassiv der Falkenburg (so heißt der Berg, in dem die Höhle sich befindet) ein und lösten das Gestein langsam auf. Es entstanden unterirdische Seen, deren erodierende Wasser an ihren Ufern weiter am Gipsgestein fraßen, was zur Folge hatte, daß es zu Decken- und Wandeinstürzen kam, die auch Verbrüche genannt werden und wodurch sich die Hohlräume über Jahrtausende hinweg immer mehr vergrößerten. – Dies also als speläologisches Minimum zur Förderung Deiner Einbildungskraft. Von der Empfangshalle wurden wir weiter geführt durch das „Felsenmeer" (große Mengen von Verbruchsschutt) zur „Kristallkammer". Hier konnten wir an den Abbruchflächen der Decke glitzernde Gipskristalle bewundern, deren größte Exemplare auch „Marienglas" genannt werden. Es muß wohl recht lange dauern, bis die Kristalle zu solch stattlicher Größe herangewachsen sind, daß sie diesen Namen verdienen; in der Kristallkammer hatte ich eher den Eindruck, als sei die Decke mit Flitter bestickt. Durch die „Neptunsgrotte" hindurch, wo beiderseits des schmalen Laufsteges kristallklare, bis zu drei Metern tiefe Wasser stehen, in denen sich die bizarren Formen der niedrigen Decke prächtig widerspiegeln, betraten wir die „Gerberei". Dieser imposante Raum hat seinen Namen sehr treffend bekommen, denn wie getrocknete Felle hängen unzählige Gipsschwarten von der Decke herab. Durch ständige Wasseraufnahme haben sie sich von ihren tonhaltigen Anhydritschichten gelöst und hängen nun wirr, aber doch den Schichtungslinien des Gebirges folgend dicht über den Köpfen der Höhlenbesucher. Die Höhlen sind niedrig, und es empfiehlt sich, zuweilen den Kopf zu senken, denn eine unverhoffte Berührung mit den „Fellen" dürfte alles andere als ein kuscheliges Gefühl hervorrufen. Im nächsten Raum schließlich, mit zweiundvierzig Metern Deckenspannweite breitester der Höhle, wurde uns des Kaisers Thron gezeigt und auch, wie man durch das Aufeinanderschichten einiger Felsbrocken mit wenigen Handgriffen einen Volksglauben höchst einfältig kommerzialisieren kann. Daß man diesen Höhlenabschnitt nun ausgerechnet Tanzsaal geheißen hat, mutet mich an wie ein mißlungener Verfremdungseffekt. Oder aber der alte Stauffer war es müde, Hunderte Jahre lang mit seinen Reisigen Schwert bei Fuß auf bessere Zeiten zu warten, und hat statt dessen, um sich und seine Vasallen fit zu halten, von Mal zu Mal rauschende Bälle im Kyffhäuser gefeiert. Denkbar wäre dies schon, zumal es dem unterirdischen Hofstaat an guten Weinen nie zu ermangeln schien. Diese Vermutung wirst Du gleich mir nicht unberechtigt finden, nachdem Du folgende Geschichte gelesen hast:

Ein zu Tilleda wohnender armer Mann ließ sein achtes Kind taufen. Zahlreich waren Gevatter und Verwandte zum Feste erschienen, doch allzubald schon gaben Keller und Speisekammer des Gastgebers nichts mehr her. Dieser nun schämte sich seiner Bedrängtheit, zumal das Publikum unverholen nach einem zünftigen Nachttrunke verlangte. So bat er denn seine sechzehnjährige Tochter, doch um Gottes Willen noch einen Eimer Wein zu beschaffen, und sei es selbst, daß sie nach dem sagenhaften Ritterkeller im Kyffhäuser suchen müßte. In großer Angst, aber artig ging das gute Mädchen also auf den nächtlichen Berg, wo sie bald an ein verfallenes Gewölbe kam, vor dem ein wunderschönes Fräulein im weißen Gewande und mit einem großen Schlüsselbunde stand. Das Mädchen erschrak heftig, doch die Erscheinung winkte sie freundlich heran und sagte: „Du brauchst keine Furcht vor mir zu haben, ich bin die Tochter des Kaisers. Nicht wahr, mein Kind, Du willst Wein holen aus unserem Keller?" Das Mädchen bejahte und folgte der Prinzessin in das Innere des Berges, wo ringsherum gewaltige Fässer lagen und bald aus einem derselben des Mädchens Eimer gefüllt war. „Bringe dies deinem Vater", sagte die Prinzessin, „und wenn ihr wieder ein Fest habt, so komme getrost und hole Wein, so viel euch beliebt. Sagt aber niemandem, woher ihr den Wein habt, und verkauft auch keinen Tropfen davon!" Mädchen und Vater taten, wie ihnen geheißen ward, und gaben fortan allabendlich den Ärmsten des Dorfes bei bestem Weine heitere Gesellschaften. Dies nun bemerkte der habgierige Schenkwirt mit äußerstem Mißfallen, so daß er sich eines Abends selbst zu jener Kate begab und bestätigt fand, was man seit einiger Zeit schon im Orte sich erzählte. Lange forschte er vergebens, wie denn solch köstlicher Wein in jene Armeleutehütte käme, bemerkte aber doch endlich, daß die Tochter des Weinspenders sehr häufig mit einem Eimer nach dem Kyffhäuser wanderte und stets nach kurzem mit gefülltem Gefäß zurückkehrte. Vom Neid getrieben, folgte er dem Mädchen beim nächsten Mal und wurde bald Zeuge der wundersamen Beschenkung. Diese profitable Weinquelle gleichfalls anzuzapfen war nun sein Trachten, und schon in der folgenden Nacht fuhr er auf einer Schiebekarre ein großes Faß bergan, um es daselbst rasch und billig zu füllen. Aber kaum schickte er sich an, beim Scheine der mitgebrachten Laterne in das Gewölbe zu kriechen, als er von derben Fäusten gepackt, arg malträtiert und schließlich mitsamt seinem Fasse den Berg hinuntergekollert wurde. Als er wieder zu sich kam, stand neben ihm ein Mönch mit erdfahlem Antlitz, der in der einen Hand eine Fackel trug und mit der anderen dem Wirt einige Geldstücke in die Rocktasche gleiten ließ, worauf er verschwand. Mit großer Not erreichte der Wirt sein Zuhause, wo er sich zu Bett legte und nach kurzer Zeit verstarb. Das Geld aber reichte eben zu seiner Beerdigung.

Ein recht hartes Schicksal für einen kleinen Geschäftemacher, meinst Du nicht? Aber durchaus verständlich, wenn man die Entstehungszeit der Sage bedenkt – damals wie heute bedienten sich die großen Geschäftemacher der kleinen, um an jenen Exempel ihrer eigenen, scheinbar lauteren Gesinnung zu statuieren. Dies also als kleines Lehrstück, mit dem Lernziel etwa: Nicht gegen die Herren müßt ihr euch auflehnen, sondern gegen die habgierigen Wirte und Krämer!

Nun, mein Freund, wird die mythologische Verwirrung komplett, denn als nächsten Raum betreten wir nicht etwa die Walhalla, sondern den „Olymp". Es ist eigentlich recht lustig, wie man hier unbekümmert deutsche und griechische Sagenwelt vermengt hat, und ich wäre bestimmt nicht sonderlich verwundert gewesen, hätte man das als „ewiger Regen" von der Decke des „Olymps" tropfende überirdische Sickerwasser als Aphrodites Tränen über das verlorene Troja gedeutet. Dennoch sind dieser Raum und der nachfolgende „Dom" mit ihren hohen Decken und den bizarren Alabastereinschlüssen wohl die erhabensten der Barbarossahöhle und kamen so meinen Vorstellungen von der sagenhaften Kaiserresidenz noch am nächsten.

Genug nun vom hohlen Kyffhäuserberg und seinen Legenden!

Wieder über Tag, versuchten wir im Gewimmel der Touristen ohne Erfolg, ein Mittagessen zu bekommen, wobei ich mich vorzüglich in Ärger an den Wirt der dortigen Gaststätte erinnere. Der hatte uns zunächst eine halbe Stunde sitzen lassen, um dann zu verkünden, daß er uns nicht bedienen könne, weil alle seine Plätze von Reisegruppen bestellt seien – worauf wir bedient waren. Wir mußten also mit Bockwürsten vom Kiosk vorlieb nehmen, die wir rasch verzehrten, denn um den Tag weidlich zu nutzen, beschlossen wir, Bad Frankenhausen noch zu erwandern.

Erst von dort aus wollten wir mit der Eisenbahn nach Bielen zurückfahren. Im nahen Rottleben erkundigten wir uns nach dem Weg, erfuhren, daß wir von demselben schon beinahe abgekommen waren, und hielten uns dann auf einem Feldweg längs der Bahnlinie, über den wir nach einer Stunde schließlich Frankenhausen erreichten. Hier sitzen wir nun in einer Gaststätte nahe dem Bahnhof und erledigen, wie Du siehst, unsere Korrespondenzen. Obschon wir bei einem kurzen Stadtrundgang einiges Bemerkenswerte gesehen haben, will ich Dir hiervon erst später berichten, da ich demnächst vorhabe, mich hier für einige Tage einzuquartieren, um mich jener geschichtsträchtigen Gegend ein wenig gründlicher widmen zu können. Ich werde zwar heute noch einmal bei Schilling in Bielen übernachten, ihn aber morgen verlassen, um in Erfurt meinen Sohn Thomas abzuholen, dem ich versprochen habe, daß er mich auf dem Rest meiner Reise begleiten darf.

Dies also für heute; in zwanzig Minuten fährt unser Zug – zunächst nach Sondershausen, dort werden wir umsteigen, um gegen Abend dann in Nordhausen zu sein. Laß es Dir wohl ergehen!

Dein N.

Erfurt, 10. 7. 1977

Mein Freund!

Rasch ein paar Zeilen von meinem Abstecher nach Erfurt. Ich bin schon früh am Morgen hier angekommen; meinen Sohn werde ich erst gegen Mittag treffen. So liegt es nur nahe, daß ich die Zwischenzeit zum Spazieren durch die mir so sehr vertrauten Straßen und Gassen nutze. Jetzt sitze ich auf den Domstufen, vor mir den großen Platz mit den bunten Ständen und Buden, wo man Blumen, Obst und

Gemüse kaufen kann, und hinter mir in erhabener Höhe Thüringens berühmtestes Kirchenpaar.

Es ist immer wieder schlimm mit mir, wenn ich für kurze Zeit wieder einmal in den Mauern meiner Geburtsstadt weile. Ich gerate in euphorische Zustände, die, wüßte ich nicht von der Unbilligkeit solcher Regung, mich zu hemmungslosem Lokalpatriotismus hinreißen könnten. Von allen Städten, die mir nahestehen, und deren gibt es einige, vermochte bisher noch keine, Erfurt den ersten Rang in meiner Sympathie streitig zu machen. Und glaube mir, mein Freund, dabei spielt die Tatsache, daß ich in dieser Stadt geboren wurde, nur unterschwellig eine Rolle. Viel zu lange bin ich von Erfurt schon weg, als daß jene Bindung noch nachhaltig wirken könnte. Es muß eine andere, eher metaphysische denn leicht erklärbare Sohnesliebe sein, die mich derart rückhaltlos dieser Stadt verfallen ließ. Freilich habe ich hier wichtige Jahre meiner Kindheit verlebt, jene Jahre, wo das Gemüt des Menschen in seiner Unbefangenheit am fruchtbarsten ist, die Saat der Liebe oder des Hasses aufzunehmen, Jahre also, wo im Kinde die Weichen gestellt werden, den Heranwachsenden stetig, wenn auch mit mehr oder weniger geduldeten Abweichungen, hinzuführen zu jenem Lebensgeleise, das ihm letztlich vorbestimmt ist. Und dennoch weiß ich, daß meine immergrüne Zuneigung zu dieser Stadt damit nur sehr unzureichend erklärt wäre. Was ist es dann? Ich vermag es nicht endgültig zu sagen.

Das Fluidum vielleicht. Es ist keineswegs kleinstädtisch-philiströs, aber auch nicht von jener nervenzermürbenden Hektik, die Großstädte, insonderheit junge, so unpersönlich macht. Erfurt ist nicht mittelalterlich verträumt wie etwa Mühlhausen, und dennoch braucht man von den neuen großen Magistralen nur wenige Schritte abseits zu gehen, um immer wieder jenen Hauch altstädtischer Ehrwürdigkeit zu spüren. Seit eh und je, so glaube ich, regieren die Erfurter

Stadtväter unter einem guten Stern, denn in keiner der Städte, die ich kenne, gesellt sich dem Alten das Neue in solcher Harmonie. Nirgendwo anders in unserem Land, so behaupte ich, haben die Sachwalter der neuen Zeit im urbanen Bereich über das Verhältnis von Pragmatischem zu Ästhetischem bisher so ausgewogen zu entscheiden vermocht. Vielleicht ist es das, mein Freund. Jedesmal, wenn ich nach Erfurt komme, sehe ich Neues, und trotzdem muß ich mir liebgewordenes Altes nicht missen. Und lägen Jahre zwischen zwei Besuchen, nie käme ich in eine fremde Umgebung. Immer noch stehen die ehrwürdigen Geschäftshäuser am Anger, und es stört sie nicht, daß sie an Höhe längst von den nahen Wohnscheiben überragt werden. Immer noch gibt es die gemütlichen Kneipen um Domplatz und Fischmarkt, wo zwischen Bierdunst und Rauch Arbeiter und Marktfrauen den schnoddrigen Erfurter Dialekt sprechen. Immer noch fließt die Gera, klarer als manch anderer thüringische Fluß, unter den gewichtigen Balkenkonstruktionen der Krämerbrücke hindurch, und es stehen auf ihr, als wären sie kürzlich erst von einem nostalgischen Architekten erbaut, wie einst die dreiunddreißig Häuser. Kleine Läden sind da, wo man alte und neue Kunst kaufen kann, und nur wenige Schritte sind es bis zum Fischmarkt, wo das Auge sich gar nicht sattsehen kann an den sorgsam wiederhergestellten Fassaden der stattlichen Bürgerhäuser.

Und wie zieht es mich immer wieder, so nur ein wenig Zeit ist während eines Zwischenaufenthaltes in Erfurt, hin zu jenen Hügeln im Nordwesten der Stadt, wo Blumenfelder, Parkanlagen, Wasserspiele und Ausstellungshallen von Architekten und Gärtnern zu einem Ensemble der Lebensfreude gestaltet wurden, das unter dem Kürzel „iga“ weit über Thüringens Grenzen hinaus bekannt ist. Schon als Bub bin ich sonntags an der Hand meines Großvaters dort, rund um die Cyriaksburg, spazierengegangen. Dort oder auf den Wegen des herrlichen Steigerwaldes, hin zum „Waldkasino" oder zur „Flora", wo es Kaffee und Kuchen gab und im Sommer viele Gläser Brause.

Beliebig lange könnte ich in meinem Lobgesang fortfahren, lieber R., doch die Zeit drängt. Ich muß zum Bahnhof; in einer halben Stunde wird mich mein Filius dort erwarten. Wir wollen ohne längeren Aufenthalt weiterfahren nach Bad Frankenhausen. Drück uns die Daumen, daß wir dort auch unangemeldet Quartier bekommen!

Herzlichst! N.

Bad Frankenhausen, am 11. 7. 1977

Fortuna scheint mir gewogen, lieber R.! Als wir gestern hier ankamen, haben wir ohne nennenswerte Mühe Quartier in einer Jugendherberge bekommen. Und das will etwas heißen, wenn man zweierlei bedenkt: ad eins sind wir unangemeldet mitten in der Hochsaison hierhergekommen, was um so schwerer wiegt, als Bad Frankenhausen zu den am stärksten frequentierten Ferien- und Ausflugsorten der Gegend gehört; ad zwei ist jene Jugendherberge eine der bestausgestatteten des Landes, weswegen Du Dir sicherlich vorstellen kannst, daß Übernachtungsplätze während der Ferienzeit hier in besonderem Maße gefragt sind. Nun gut, wir wurden also von den jungen Leuten der Herbergsleitung dennoch sehr freundlich aufgenommen und erhielten sogar ein eigenes Zimmer. Überdies werden wir hier für wenig Geld ganz vorzüglich mit Frühstück und Abendbrot versehen. Im ganzen somit eine recht glückliche Fügung, eben angetan, den weiteren Verlauf meiner Wanderungen bestens zu unterstützen.

Der gestrige Nachmittag hatte noch ausreichend Zeit für für eine kleinere Unternehmung, wobei es am naheliegendsten war, zunächst das Museum im Frankenhäuser Schloß zu besuchen, um dort eine Grundlage an regionalkundlichem Wissen zu erwerben. Es war nicht weit von der Jugendherberge bis zum Schloß, das in einer parkartigen Grünanlage abseits des mittelalterlichen Stadtkerns steht. Der schlichte Barockbau ruht auf einem Sockel aus romanischer Bauzeit. Einst im Besitz des einflußreichen Thüringer Grafengeschlechts der Beichlinger, fiel es dann an jenes von Schwarzburg-Rudolstadt; heute beherbergt es das Heimatmuseum, das, wie ich Dir versichern kann, ganz vortrefflich eingerichtet ist. Es wird jedoch, so ist zu vermuten, bald schon eine starke Konkurrenz bekommen; denn auf dem Schlachtberg wird gerade eine monumentale Gedenkstätte für den Bauernkrieg gebaut – doch davon zu gegebener Zeit mehr. Der liebevoll und mit viel Sachkenntnis ausgerichtete heimatgeschichtliche Teil im Frankenhäuser Schloß läßt sich in drei großen Abteilungen rubrizieren: der Große Deutsche Bauernkrieg und seine Entscheidungsschlacht bei Frankenhausen – Frankenhausen als Salzstadt – Frankenhausen als Knopfmacherstadt und die damit verbundenen Traditionen der Arbeiterbewegung.

Ich will nun versuchen, mein Freund, Dir von diesen Dingen ein wenig ausführlicher zu berichten als bisher, weil ich meine, daß eine solch bewegte Vergangenheit doch recht selten ist für ein Städtchen, das heute abseits der großen Verkehrswege liegt und sich dem Besucher auf den ersten Blick eher verträumt-idyllisch gibt denn achtungsgebietend.

„Nun dran, dran, es ist Zeit, die Bösewichter sind verzagt wie die Hunde... Dran, dran, dran! Laßt euch nicht erbarmen! ... Sehet nicht an den Jammer der Gottlosen. Sie möchten euch freundlich bitten, greinen, flehen wie die Kinder. Lasset euch nicht erbarmen ... Reget an in Dörfern und Städten und sonderlich die Berggesellen... Wir müssen nicht länger schlafen ... Dran, dran, dran, dieweil das Feuer heiß ist. Lasset euer Schwert nicht kalt werden ..." So schrieb Thomas Müntzer an den Allstedter Bund, und ebendies galt auch für die Frankenhäuser Bauern, Salzknechte und Pfänner. Frankenhausen war damals eine blühende und weithin bekannte Salzstadt, von der aus ein reger Fernhandel in alle Richtungen des Landes betrieben wurde, und so waren hier wie kaum anderswo günstige Bedingungen für eine Vereinigung von Bauern, Handwerkern und auch wohlhabenden Bürgern zum gemeinsamen Kampf gegen die drückende Feudalordnung gegeben. Frankenhausen wurde neben Mühlhausen ein Zentrum der Müntzerschen Bewegung und Sammelpunkt eines Heeres der Aufständischen. Ende April 1525 übernahmen die Revolutionäre die Macht in der Stadt. „... sie stürmten das Rathaus, zerschmissen das Rats- und Stadtsiegel, zerrissen die vorhandenen Bücher, Schuldverschreibungen und Urkunden ..." Dies war aber keine blinde Willkür und Zuchtlosigkeit – es war der folgerichtige Ausbruch gequälter Kreaturen, von denen Luther, bevor er ein entschiedener Gegner der Aufständischen wurde, sagte: „Es ist kein Wunder, daß sie aufbegehrten – es ist nur ihrer erbarmungswürdigen Lage zuzuschreiben, daß sie nicht noch maßloser wüten." Am 11. Mai kam Müntzer nach Frankenhausen. In Mühlhausen gab es für ihn keine Möglichkeit, die Lokalbeschränktheit der Masse des Bürgertums zu überwinden; um seine revolutionären Vorhaben zu verwirklichen, bedurfte es der maximalen Einigkeit aller aufbegehrenden Schichten der thüringischen Bevölkerung. Dies schien in Frankenhausen in höherem Maße als anderswo gegeben. Zwar gab es auch hier gemäßigte Kräfte, die durch Verhandlungen mit den Fürsten und im einfältigen Glauben an ein letztlich doch humanes Gewissen der Obrigkeit unbewußt dem Feind in die Hände spielten, aber jene waren in der Minderheit. Dennoch erkannte Müntzer rasch, daß sie eine nicht zu unterschätzende Gefahr für die Sache der Aufständischen darstellten, und er nutzte deshalb jede Möglichkeit, die Massen zu radikalisieren, zu zeigen, daß ein Taktieren mit den Feudalherren ihnen in jedem Falle zum Nachteil gereichte. Keine Kompromisse, wenn wir siegen wollen! Das war seine Devise, und so unmißverständlich formulierte er sie auch den adligen Feinden. Am 12. Mai schrieb er von Frankenhausen je einen Brief an Albrecht und Ernst von Mansfeld, worin er sie aufforderte, ihre Tyrannis freiwillig aufzugeben, oder aber der Zorn der Massen werde sie hinwegfegen. Ich will Dir beide Briefe hier in Gänze zitieren, denn ich weiß, daß es auch Dir ein Genuß sein wird, solch flammende Rede für Freiheit und Gerechtigkeit zu lesen:

Bruder Albrechten von Mansfeld zur Bekehrung geschrieben.

Furcht und Zittern sei einem jedem, der Übel tut! Daß du diese, in der Epistel Pauli an die Römer enthaltenen Worte also übel mißbrauchst, erbarmt mich. Du willst die bösewichtigen Obrigkeiten dadurch bestätigen, in der Maaße, wie der Papst Petrum und Paulum zu Stockmeistern gemacht. Meinst du, daß Gott, der Herr, sein unverständiges Volk nicht erregen könne, die Tyrannen abzusetzen in seinem Grimm? Hat nicht die Mutter Christi aus dem heiligen Geist geredet, als sie von dir und deinesgleichen weissagte? Die Gewaltigen hat er vom Stuhle gestoßen und die Niedrigen, die du verachtest, erhoben. Hast du in der lutherischen Grütze und deiner wittenbergischen Suppe nicht mögen finden, was Ezechiel in seinem 37. Kapitel weissagt? Auch hast du in einem martinischen Bauerndreck nicht mögen schmecken, wie der selbe Prophet weitersagt: Gott werde alle Vögel des Himmels fordern, daß sie sollen fressen das Fleisch der Fürsten, und die unvernünftigen Tiere sollen saufen das Blut der großen Hansen.

Meinst du, daß Gott an seinem Volke nicht mehr gelegen ist denn an euch Tyrannen? Du willst unter dem Namen Christi ein Heide sein und dich mit Paulo zudecken. Man wird dir aber die Bahn vorlaufen; darnach wisse dich zu halten. Willst du erkennen das Wort Daniels, daß Gott die Gewalt der Gemeinde gegeben hat, und vor uns erscheinen und deinen Glauben brechen, so wollen wir dich wie einen unserer Brüder behandeln. Wo aber nicht, werden wir uns in deine lahme schale Fratze nicht kehren, sondern wider dich fechten, wie wider einen Erzfeind des Christenglaubens. Darnach wisse dich zu halten!

Gegeben zu Frankenhausen, Freitag nach Jubilate, Anno 1525.

Thomas Münzer mit dem Schwerte Gideonis.

Spare Dir, lieber R., den Griff zum Lexikon; ich ließ mich schon aufklären, was es mit dem „Schwerte Gideonis" auf sich hat. Gideon ist eine Königsgestalt aus dem Alten Testament, seine Heere sollen in grauer Vorzeit die Midianiter mit dem Schlachtruf „Hie Schwert des Herrn und Gideons" geschlagen haben. Nun, ich vermag nicht einzuschätzen, ob oder inwieweit Müntzers Wahlverwandtschaft eine Anmaßung darstellte – jedenfalls wird sie ihre Wirkung auf Freunde wie Feinde nicht verfehlt haben. Doch höre auch den zweiten Brief. Jener, an Graf Ernst von Mansfeld, einen besonders grausamen Herrn, war in Sprache und Inhalt noch konsequenter:

Sendbrief der Bekehrung Bruder Ernsts zu Heldrungen.

Die gestreckte, die feste Furcht Gottes und der beständige Grund seines gerechten Willens mit dir, Bruder Ernst! Ich, Thomas Munzer, vormals Pfarrherr zu Allstedt, vermahne dich zum überflüssigen Anregen, daß du um des lebendigen Gottesnamen willen von deinem tyrannischen Wüten wollest ablassen und nicht länger den Grimm Gottes über dich erbittern. Du hast die Christen angefangen zu martern, du hast den heiligen christ-

lichen Glauben eine Büberei gescholten, du hast dich unterstanden, die Christen zu vertilgen. Sieh an, du elender dürftiger Madensack! Wer hat dich zum Fürsten des Volkes gemacht, welches Gott mit seinem teuren Blute erworben hat? Du sollst und mußt beweisen, ob du ein Christ bist, du sollst und mußt deinen Glauben brechen. Du sollst in wahrhaftiger Wahrheit gutes sicheres Geleit haben, deinen Glauben an den Tag zu bringen; das hat dir eine ganze Gemeinde im Ringe zugesagt. Auch sollst du dich entschuldigen wegen deiner offenbaren Tyrannei, auch ansagen, wer dich so dürstiglich gemacht hat, daß du allen Christen zum Nachteil unter einem christlichen Namen willst ein solcher heidnischer Bösewicht sein. Bleibst du außen und entledigst dich der auferlegten Sache nicht, so will ich ausschreien vor aller Welt, daß alle Brüder ihr Blut getrost sollen wagen, wie etwa wider die Türken; dann sollst du verfolgt und ausgerottet werden. Denn es wird ein Jeder viel emsiger sein, an dir Ablaß zu verdienen, den vor Zeiten der Papst gegeben. Wir wissen nichts anderes an Dir zu bekommen. Es will keine Scham an dich. Gott hat dich verstockt wie den König Pharao, auch wie die Könige, welche Gott vertilgen wollte. Immer mehr sei es Gott geklagt, daß die Welt deine große Büberei und wütende Tyrannei nicht schon eher erkannt hat. Wie hast du solchen merklichen unersetzlichen Schaden angerichtet! Wie soll sich jemand anders über dich erbarmen als Gott selbst! Kurzum, du bist durch Gottes kräftige Gewalt dem Verderben überantwortet, und demütigst du dich nicht, so wird dir eine ewige Schande vor der ganzen Christenheit auf den Hals fallen; du wirst des Teufels Märtyrer werden. Der ewige lebendige Gott hat uns die Gewalt gegeben, dich von dem Stuhle zu stoßen, denn du bist der Christenheit nichts nütze, du bist ein schädlicher Staupbesen der Freunde Gottes. Wir wollen deine Antwort noch heut haben oder dich im Namen des Herren der Heerscharen heimsuchen. Darnach wisse dich zu richten. Wir werden unverzüglich tun, was Gott uns befohlen hat. Tue auch du dein Bestes! Ich fahre daher.

Gegeben zu Frankenhausen, Freitag nach Jubilate, Anno 1525.

Thomas Münzer mit dem Schwerte Gideonis.

Kannst Du Dir vorstellen, welche urgewaltige Kraft in diesem Manne gewohnt haben muß, von welch unbeugsamem Gerechtigkeitssinn dieses Herz erfüllt war? Er wußte, wie lebenswichtig es ist, den mobilisierten Massen mit beispielhafter Unverzagtheit voranzugehen, auch wenn es um die gemeinsame Sache nicht mehr zum besten bestellt scheint. Seine Briefe an die Mansfelder Grafen waren nicht nur eine letzte Warnung an jene, ihre Tyrannei zu beenden, sie waren auch eine Aufforderung an die Seinen, sich nicht von den Kleinmütigen in den eigenen Reihen beeinflussen zu lassen, nicht zu verzagen und in heilloser Angst vor den heranrückenden Fürstenarmeen davonzulaufen. Diesem Manne, den die bürgerliche Geschichtsschreibung überheblich einen „revolutionären Schwärmer" nennt, ist es zu verdanken, daß aus den Bauernaufständen des frühen sechzehnten Jahrhunderts die erste deutsche Revolution wurde. Daß sie letztlich scheiterte, geht nicht zu seinen Lasten. Wohl aber ist es sein Verdienst, den Unterdrückten in Deutschland zum ersten Male ein Bewußtsein ihrer gemeinsamen Macht und Stärke gegeben zu haben. Selbst noch vor der großen Entscheidungsschlacht am 15. Mai 1525 auf dem Kyffhäuserausläufer bei Frankenhausen, selbst noch im Angesicht also einer drohenden Übermacht feindlichen Militärs gab er ihnen durch Predigten und flammende Aufrufe Mut zu einem Kampf, der einzig ihrer Befreiung und der ihrer Kinder und Kindeskinder galt. Sie konnten dennoch nicht siegen; zu übermächtig war das nunmehr vereinigte Heer der Fürsten unter Führung des Landgrafen von Hessen, das am Vormittag des 15. Mai mit mörderischer Gewalt das schlecht bewaffnete Bauernheer aufrieb. –

Obwohl es sich, da ich Dir vom Ort des Geschehens schreibe, anböte, nun noch über die militärischen und anderen Ursachen seines unglücklichen Ausgangs nachzudenken, will ich dies doch lieber Historikern überlassen, die es bisher schon mit Fleiß getan haben und sicherlich auch ferner tun werden. Nach der gewonnenen Schlacht jedenfalls übte der Feudaladel grausame Rache an den Besiegten. Müntzer wurde in Frankenhausen gefangengenommen, dem Grafen Ernst von Mansfeld ausgeliefert, der ihn auf seinem Stammsitz, der Burg Heldrungen, abscheulich mißhandelte. Danach übergab ihn der Graf dem Lager der Fürsten bei Mühlhausen, wo Müntzer zwölf Tage nach der letzten Schlacht hingerichtet wurde. Doch nicht nur die Führer mußten ihr Leben lassen – wer von den Aufständischen nicht in der Schlacht gefallen war oder wer sich nicht durch Flucht dem Strafgericht entziehen konnte, den erwartete in den Städten und auf den Burgen das Henkerschwert, das Rad oder der Strang. Allein in Frankenhausen wurden am Tag nach der Schlacht über dreihundert Rebellen vor dem Rathaus enthauptet. Wer mit dem Leben davonkommen wollte, mußte sich dieses erkaufen, und oft genug wurde er nach der Entrichtung des Lösegeldes dennoch getötet. Die Marktplätze der thüringischen Städte waren rot vom Blut der gemordeten Bauern, Bergknappen, Salzsieder, Handwerksgesellen und entlaufenen Mönche. Wie in Frankenhausen, so in Jena, Mühlhausen, Arnstadt, Erfurt ...

Von all diesen Grausamkeiten berichten Urkunden, Strafurteile, zeitgenössische Darstellungen und bildnerische Arbeiten von heutigen Künstlern im Museum Bad Frankenhausen. Für meinen Sohn Thomas war natürlich von besonderem Interesse das große Modell der Entscheidungsschlacht. Mit viel Liebe fürs Detail sind auf einem den Schlachtberg darstellenden Relief zahllose Zinnfiguren gruppiert, was eine recht plastische Vorstellung vom damaligen Kriegsgetümmel erlaubt. – Die kam uns zugute, als wir heute den Schlachtberg bestiegen. Vorbei an der gotischen Oberkirche, die aufgrund unterirdischer Ausspülungen schief steht wie der Turm von Pisa, weiter durch eine felsige Kerbe, bezeichnenderweise Blutrinne genannt, bis zu jenem Plateau hinauf, wo Müntzers Hoffnungen unter den Leichen seiner getreuen Anhänger begraben wurden. Auch heut noch ist die Höhe nur spärlich bewachsen, und es fällt nicht schwer, sich vorzustellen, wie der Kampfeslärm hier oben tobte. Wie Kanonenschläge Löcher in die Wagenburg der Aufständischen fetzten, wie Reiterei über den unterhöhlten Karstboden dröhnte, wie die Verwundeten schrien und die Sterbenden stöhnend ihre Seelen dem Himmel anempfohlen. Jenem Himmel, von dem Müntzer noch Stunden vor der Schlacht glaubte ein Zeichen bekommen zu haben, als dort ein Regenbogen erschien, wie ihn die Bauern auf ihren Fahnen trugen. „Seht ihr den Regenbogen am Himmel? Er bedeutet, daß Gott uns, die wir den Regenbogen im Banner tragen, helfen will gegen die mörderischen Fürsten, und daß er ihnen Gericht androhet und Strafe. Drum seid unerschrocken und getröstet euch göttlichen Beistandes und stellt euch zur Wehre, denn der Herr will nicht, daß ihr Friede macht mit den gottlosen Fürsten!“ Wer will es Müntzer, dem Prediger, verübeln, daß er außer der eigenen Kraft und der der revolutionären Massen auch auf göttlichen Beistand vertraute?

Doch nicht nur die bildhaften Vorstellungen von der blutigen Niederschlagung des thüringischen Volksaufstandes im sechzehnten Jahrhundert sind es, die einem heutigen Besucher des Frankenhäuser Schlachtberges beklemmende Gefühle verursachen – es ist das Wissen, daß hier oben das Dilemma der deutschen Revolution begann. – Du wirst Dich erinnern, zu Beginn meines Briefes sprach ich von einer monumentalen Gedenkstätte, die auf dem Schlachtberg errichtet werden soll. Nun, dieses „Panorama" hat bereits in erheblichem Maße Gestalt angenommen. Ich sah den gewaltigen Rundbau schon von weitem, als ich vor einigen Tagen mit Schilling von Rottleben nach Bad Frankenhausen wanderte. Wie ein Pantheon thront der helle Rundbau auf dem südlichen Ausläufer des Kyffhäusergebirges, das nach Kaiserdenkmal und Fernsehturm nun ein drittes Wahrzeichen erhält. Bald schon soll Geschichte hier lebendig vermittelt werden; nicht nur, aber auch durch ein monumentales Gemälde vom Bauernkrieg. Für seine Ausführung ist Professor Tübke verantwortlich, und da ihm die neuere Kunst einige ihrer subtilsten Produkte verdankt, steht hier wohl ein großes Kunstwerk zu erwarten.

Mein Filius rät mir, den Brief zu beenden; über den Sprechfunk der Jugendherberge sei schon zweimal die Aufforderung ergangen, das Abendessen einzunehmen. Ich will also die Küchenfrauen nicht durch grobe Unpünktlichkeit verärgern – vielleicht ist heute abend noch Zeit und Muße für ein paar Zeilen. Grüße an Dich und unsere gemeinsamen Freunde!

Dein N.

am 11. 7. 77, abends

Beim Abendessen wurde mir vom Herbergsleiter Dein Brief ausgehändigt. Hab Dank dafür, wenngleich er nichts weniger war als wohlbekömmliches Dessert.

Fast scheint es mir, Du machst mir insgeheim Vorwürfe wegen meines Briefes vom Kyffhäuser; Vorwürfe, die ich gerade von Dir nicht erwartet hätte. Armer R.! Wie kannst Du mich des Romantizismus verdächtigen, nur weil ich den überschwenglichen Gefühlen über die Schönheit meiner Heimat keinen Zwang antat!? „Romantizismus", mein Freund, liegt in gefährlicher Nähe der verleumderischen

Vokabel „Gegenwartsflüchtigkeit" und stellt sich als Vorwurf aus Deiner Feder um so ungelenker dar, als Du Dich doch selbst der großen Künste und edlen Werke unserer Vorfahren in sensibler Weise teilhaftig machtest. Warst Du es nicht, der mir mit begeisternden Worten Lenau zu lesen empfahl? Verdanke ich es nicht eigentlich Dir, daß ich, seit unsere Bekanntschaft währt, nicht aufgehört habe, Heine zu lesen? Heine verstand sich gewiß nicht als Vertreter romantischer Kunstauffassungen, und trotzdem war er ein durchaus romantischer Mensch, oder, wenn Du so willst: ein gemütvoller Mensch. Ich kann es mir nicht anders vorstellen, als daß Dich mein Brief vom Kyffhäuser in einer über die Maßen tristen Stimmung erreicht hat; wie anders sonst wäre Deine griesgrämige Reaktion zu verstehen? Oder hast Du gerade Paul Wilhelm Wengers bitteren Aufsatz „Unsterbliche Deutsche Mythologie" gelesen? Der wurde 1947 geschrieben. Damals freilich, wo Deutschland der Welt gerade wieder einmal eine infernalische Götterdämmerung beschert hätte, konnte man wenig Sinn für Romantik als Kunstrichtung wie als Gefühl erwarten.

Lieber R., ich schäme mich meiner Vorliebe für romantische Stimmungen nicht im mindesten, und ich gestehe freimütig, daß ich Eichendorffs Gedichte immer noch lieber lese als von den heutigen jene, bei deren Lektüre mir immer der Aphorismus „Wir können zwar eine Maschine erfinden, die mit dem Schwanz wedelt, aber keine, die sich freut" einfällt. Das hat beileibe nichts zu tun mit Fortschrittsfeindlichkeit in der Kunst, sehr viel aber mit meinem ästhetischen Empfinden. Was soll's also, lieber R., daß Du den Finger hebst wie ein zöpfiger Schulmeister vor unmündigen Buben? Sie steht *Dir* nicht wohl, jene allzu bekannte Pose! Vergessen wir sie also, grad so, als wärst Du von einem Zerrspiegel genarrt worden. Laß Dir lieber weitererzählen von Frankenhausen.

Daß hier die Entscheidungsschlacht des Bauernkrieges stattfand, wird in der Schule gelehrt, kaum aber – es sei denn im Heimatkundeunterricht der hiesigen Schulen –, daß jenes Städtchen noch auf einige andere Traditionen verweisen kann. Oder sagt Dir der Name Dr. W. A. G. Manniske auf Anhieb etwas? Nein? Mir war er bis heute auch noch unbekannt. Auf welchem Umweg ich ihn vor einigen Stunden kennenlernte, will ich Dir nun rasch skizzieren. – Wir waren heute morgen zum Schlachtberg hinaufgestiegen und hatten uns dort mit Erzählungen und schaurigen Vorstellungen länger aufgehalten, als wir eigentlich wollten. Rasch waren über zwei Stunden vergangen, und die Sonne stand schon wieder heiß im Vormittag, so daß wir unser Vorhaben, heute noch zu den Sachsenburgen zu wandern, nochmals überdachten und ich schließlich den Bitten meines Sohnes nachgab, heute doch lieber schwimmen zu gehen. Beim Aufstieg zum Schlachtberg hatten wir mitten in dem zu unseren Füßen liegenden Frankenhausen ein Schwimmbad gesehen, und das muntere Geschrei der Badenden war bis zu uns auf den Berg heraufgeklungen. Ich glaube, Thomas hegte schon seit dieser morgendlichen Entdeckung den Wunsch, unseren heutigen Wanderplan zugunsten eines Badetages abzuändern, doch verkniff er es sich, dies laut zu erwägen; ich hätte wohl am Morgen auch nicht zugestimmt. Wir stiegen also wieder hinunter, vorbei an dem wuchtig über der Stadt thronenden Hausmannsturm, der einst Kernstück einer mittelalterlichen Burg war, stolperten dann über das katzenköpfige Pflaster der Altstadtgäßchen, wo die kleinen schiefwinkligen Häuschen, ähnlich denen in Heiligenstadt, hübsch erhalten sind, und waren bald wieder im Tal angelangt. Das vom Berg ausgemachte Bad zu finden, brauchten wir uns nur nach dem Gehör zu orientieren, und jenem Kompaß folgend, langten wir nach wenigen Minuten am Eingang des Schwimmbades an. Es war nicht besonders groß und dennoch, wie wir von außen mit Befriedigung feststellen konnten, nicht überfüllt. Wir zahlten also Eintritt, suchten uns abseits des Beckens eine sonnige Bank, entkleideten uns (wobei Thomas schon in Badehose neben mir stand, als ich noch an den Senkeln meiner hochgeschnürten Wanderschuhe nestelte) und schickten uns an, unsere hitzegemergelten Körper zu erfrischen. Während ich noch mit verschränkten Armen am Beckenrand stand und über die eigenartig dunkle Färbung des Wassers sinnierte, war Thomas bereits hineingesprungen, untergetaucht, schon wieder an der Oberfläche und mit wenigen Schwimmzügen am Beckenrand. Von dort rief er mit verzogenem Gesicht: „Das ist aber eine ekelhafte Brühe, schmeckt wie Abführmittel, ganz salzig!" Hatte er salzig gesagt? Und dann diese komische Farbe des Wassers ...? Ich sah mich um und bemerkte am Eingang der Badeanstalt eine große Tafel, die wir beim Eintritt, wohl in freudiger Erwartung der Abkühlung, völlig übersehen hatten. „Wir begrüßen Sie im *Soleschwimmbad* Bad Frankenhausen" stand auf der Tafel und auf meinem Gesicht sicherlich das Ausrufezeichen des inneren „Aha!". Ich ging nun auch ins Wasser und fand Thomas' Worte bestätigt – es schmeckte abscheulich. Aber das muß ja bei Medizin so sein, und schließlich waren wir auch nicht hergekommen, das Becken leerzutrinken. Thomas hatte sich unterdessen schnell an die neuen Verhältnisse gewöhnt, er tobte längst in irgendeinem Winkel des Beckens mit anderen Kindern herum, und nur ab und zu gelang es mir, von den vielen Badekappenhäuptern eines als das meines Erstgeborenen sicher zu erkennen. Ich ließ ihn sich also vergnügen, indes ich wieder an Land stieg – heftiger Durst hatte mich befallen. Als ich zu unserer Bank kam, sah ich, daß wir diese nicht mehr für uns allein hatten, ein älterer Mann hatte sich dort hingesetzt. Er trug eine helle Hose, ein weißes Hemd und eine weiße Schirmmütze – so wie man sie

bei Sommerfrischlern auf alten Fotografien sieht. Zwischen den Knien hielt er einen Spazierstock, auf den er die gefalteten Hände gestützt hatte. Den Kopf hatte er leicht in den Nacken gelegt und ließ sich so mit geschlossenen Augen das Gesicht von der Sonne bescheinen. Ich grüßte, als ich an die Bank trat. Er öffnete die Augen, blinzelte mich an und erwiderte den Gruß. „Entschuldigen Sie", sagte er, „ich habe Ihre Sachen ein wenig zusammengerückt, so ist auch für drei bequem Platz auf der Bank. Sie haben doch nichts dagegen?" Warum sollte ich. Der Alte war's zufrieden und wandte sein Gesicht mit sichtlichem Wohlbehagen wieder der Sonne zu. Nach einer Weile, ich hatte mich abgetrocknet und neben ihn gesetzt, kam Thomas angerannt, prustete und meldete Hunger an. Ich sagte ihm, daß ich gerne etwas kaufen würde, insbesondere etwas zu trinken, hier im Bad aber keine Möglichkeit dazu sähe. Der Mann zeigte auf ein Haus hinter den Umkleidekabinen und sagte: „Vielleicht bekommen Sie dort etwas." Ich gab dem Sohn etwas Kleingeld und schickte ihn in die angezeigte Richtung; er solle Brause und Bockwurst holen. Es dauerte nicht lange, und Thomas kam tatsächlich mit dem Gewünschten zurück, wobei er seine Bockwurst auf dem Wege schon zur Hälfte verspeist hatte. Der Rest war auch bald vergessen, und ehe ich noch ein warnendes Vaterwort hatte sprechen können, war er bereits wieder im Wasser. Ich rief ihm zwar noch etwas hinterher von vollem Magen und so, doch dies hätte ich ebensogut einem Tauben hinterherrufen können. Der Mann sagte: „Lassen Sie ihn ruhig, das Wasser ist gesund." Ich nickte und entgegnete: „Vorhin wußte ich das noch nicht – bis ich dieses Schild dort las." – „Ach, dann sind Sie wohl gar keine Kurgäste?" – Ich verneinte und nannte ihm den eigentlichen Grund unseres Hierseins. Der Mann wurde hellhörig: „Heimatkundliches Interesse? Auch, was Frankenhausen angeht?" – „Auch. Und im Augenblick besonders." – „Na, dann passen Sie mal auf! Ich schreibe nämlich für mich, so quasi als Rentnerhobby, eine Art Chronik; wenn Sie wollen, erzähle ich Ihnen ein bißchen was."

Keine Frage, daß ich das Angebot annahm. Er rückte an seiner Mütze herum, als hätte er nicht erwartet, so prompt beim Wort genommen zu werden; dann begann er: „Also das hier, was Sie da sehen, verdanken wir ja eigentlich dem guten alten Doktor Manniske. Na ja, nicht direkt das Schwimmbad, aber daß wir schon seit 158 Jahren Kurstadt sind, deswegen heißen wir ja auch *Bad* Frankenhausen. Diese Bezeichnung durften wir uns freilich erst 1927 zulegen. Doktor Manniske, ein Arzt, der sich um den Ort sehr verdient gemacht hat, lebte viel früher. Er war der erste, der die heilende Wirkung der Frankenhäuser Solquellen erkannte. Im Mittelalter dienten sie ausschließlich der Salzgewinnung. Auf diesem Gelände hier und auch dort oben", er zeigte in Richtung Oberstadt, „hatten die Salzsieder – oder wie sie auch genannt wurden: die Pfänner – ihre Häuser. Ende der dreißiger Jahre unseres Jahrhunderts war es dann vorbei mit der Salzgewinnung. Die Frankenhäuser konnten es nicht mehr mit der modernen Konkurrenz aufnehmen."

„Als Kurort braucht Frankenhausen ein ähnliches Schicksal wohl kaum zu befürchten", sagte ich.

„I wo, gucken Sie doch hin!" Er machte eine Armbewegung in die Runde. „Von den Leuten hier ist kaum einer Einheimischer. Und jedes Jahr bekommen wir mehr Gäste. Sehen Sie das große Gebäude dort am Hang? Das ist ein Kindersanatorium; über zweitausend Kinder werden jährlich bei uns behandelt. Hauptsächlich gegen Erkrankung der Atemwege sind die Wasser unserer Elisabethquelle und Schüttschachtquelle nütze."

„Indem man sie trinkt?" fragte ich.

„Nicht nur; die Mediziner haben verschiedene Methoden

entwickelt, die Heilkraft der Quellen wirksam zu machen. Ihr Junge", er zeigte hinüber zum Sprungturm, wo Thomas auf einem Brett wippte, „nimmt nicht nur ein Erfrischungsbad, wenn er ins Wasser springt. Die Badekur, natürlich in Wannen, war die erste Form der Heilbehandlung mit den Frankenhäuser Solquellen. 1819 wurde das erste Badehaus mit zehn Kabinetten, in denen Wannen mit erwärmter Sole standen, eingeweiht. Seither hat sich der Badebetrieb in unserem Ort ständig erweitert. Das Freibad hier wurde zwischen fünfunddreißig und achtunddreißig erbaut; neunzehnhundert natürlich. Vielleicht denken Sie: Eine recht lange Bauzeit für ein kleines Bad. Na ja, Sie können ja nicht wissen, was sich hier während des Baus ereignet hat. Im Juli sechsunddreißig sollte das Schwimmbad eingeweiht werden, doch in der Nacht vor der Einweihung brach das Becken ein. Der Baugrund hatte die schweren Betonmassen nicht tragen können. Erst ein Jahr später unternahm man einen neuen Versuch. Jetzt ruht das Becken auf Betonpfeilern, die tief im Boden gegründet sind. Der Untergrund ist nämlich tückisch hier. Er ist nicht ‚gewachsen', sondern zu Metern mit Asche aus dem einstigen Salinebetrieb aufgefüllt. Aber Sie sehen ja selbst, das zweite Projekt ist mit der nötigen Sicherheit berechnet worden."

Der Mann hielt inne in seiner Rede, ein großer, aus bunten Segmenten zusammengeklebter Badeball war ihm vor die Füße gerollt. Er hob ihn auf und sah sich nach dem Eigentümer um. Aus dem Wasser riefen zwei Mädchen und winkten, der Mann solle ihnen den Ball zurückwerfen. Er sah mich an, gab mir den Ball und sagte: „Werfen Sie! Für meine alten Knochen ist das nichts. Ich bin vor vierzehn Tagen erst aus dem Krankenhaus entlassen worden."

Ich stand auf, um den Mädchen im Wasser ihren Ball zurückzubringen; als ich zur Bank zurückkam, war auch der Mann aufgestanden. „Für mich wird es Zeit, essen zu gehen.

Auf Wiedersehen und schöne Tage noch in Bad Frankenhausen!" Er klopfte sich den Staub von den Hosenbeinen und ging Richtung Ausgang davon. Nach fünf Schritten blieb er stehen, griff sich an die Mütze, als sei ihm eingefallen, daß er auf der Bank etwas liegengelassen habe, kehrte um und sagte: „Sein erstes Krankenhaus verdankt Frankenhausen übrigens auch dem Doktor Manniske. Also, auf Wiedersehen!"

So, lieber R., nun weißt auch Du, warum sich die kleine nordthüringische Stadt Frankenhausen mit dem Beinamen *Bad* schmücken darf. Die Frankenhäuser sind gewiß stolz auf diesen Beinamen, und sie tun allerhand, um der Bezeichnung gerecht zu werden. Der Ort ist sauber, die Kuranlagen sind gepflegt und die Menschen freundlich. Gerade so, wie Gastgeber sein müssen, soll man sich ihrer oft und gerne erinnern.

Solltest Du jetzt noch immer solch mieser Stimmung sein, wie Du es offenbar warst, als Dich mein Brief vom Kyffhäuser erreichte, dann wirst Du vielleicht die Lippen schürzen und brammeln: ‚Idylle! Auch das wird bald vorbei sein ...' Ich will Dich beruhigen, mein Bester (oder mit meiner heiteren Zuversicht noch ärger verdrießen): In Zeiträumen, die unsere Hirne vorauszuplanen vermögen, ist ein Versiegen der Frankenhäuser Solquellen nicht abzusehen. Und es gibt auch keine handgreiflichen Indizien für die fatalistische Annahme, daß über kurz oder lang das überaus menschenfreundliche Klima der hiesigen Gegend etwa durch die Ansiedlung von Großindustrie gefährdet würde. Oder kannst Du Dir vorstellen, daß die Wirtschaft unseres Landes eines absehbaren Tages auf Gedeih oder Verderb von der Produktion von Knöpfen abhängen könnte? Daß man demnach hier, wo seit über einhundertvierzig Jahren Knöpfe hergestellt werden, ein Knopfkombinat gründet, mit riesigen Schloten, mit Kühltürmen und einer ewig lärmenden

Werkbahn? Gib zu, die Vorstellung ist albern (überdies wird der VEB Solidor in Heiligenstadt irgendwann doch mal länger funktionierende Plastreißverschlüsse herstellen). Ich glaube, unser Bedarf an Knöpfen wird auch ganz gut von den verschiedenen kleineren Betrieben dieses Industriezweiges, deren wichtigste in Bad Frankenhausen ansässig sind, gedeckt.

August Zierfuß, ein Sondershäuser Nadlergeselle, brachte im vorigen Jahrhundert von der Wanderschaft aus Wien die handwerklichen Geheimnisse der Perlmuttknopfmacherei mit nach Frankenhausen. Ob er nun wollte oder nicht, hatte er damit einen gewichtigen Grundstein für die Entwicklung einer erstaunlich selbstbewußten Arbeiterschaft in die Kyffhäuserlandschaft um Frankenhausen gelegt.

Die Knopfmacher in dieser Gegend, die dem Drechslerbund angehörten, schufen sich bald einen Arbeiterturn- und Arbeitergesangsverein und waren durchaus nicht gewillt, kampflos alle Macht denen zu überlassen, in deren Manufakturen und Kontoren sie ihre Arbeitskraft um ein Butterbrot verkaufen durften. Gestern im Heimatmuseum sah ich ein „Extra-Blatt zur Nr. 10 des Frankenhäuser Intelligenzblattes vom 14. März 1874".

Darin wurde vom „Arbeiter-Comitee" der Knopfarbeiter August Welke *wiederum* zur Landtagswahl vorgeschlagen. Einen Tag später konterte das „liberale Wahl-Comitee" mit einem Extra-Blatt folgenden Inhalts: „Wähler! Zum Abgeordneten eignet sich nur ein Mann, der die Gesetzesvorlagen zu beurtheilen versteht. Ein Knopfmacher ist nicht dazu angethan, Gesetzesvorlagen würdigen zu können. Ein Jurist kann keine Knöpfe machen und ein Knopfmacher keine Gesetze. Wählet einen Mann, dessen Bildung dazu angethan ist, Gesetze richtig zu verstehen und zu Gesetzesvorlagen Beihilfe leisten zu können, die, wohlverstanden, dem Wohle nicht einer Klasse, sonder dem Wohle des ganzen

Volkes dienlich sind. Die bezeichneten Eichenschaften besitzt der Knopfmacher Welke nicht. Wir schlagen als Wahlkandidaten den Bürgermeister Müller, hier, vor."

‚... dem Wohle nicht nur einer *Klasse*, sondern dem Wohle des ganzen Volkes dienlich ...' Sieh nur, wie sie schon damals das Wort Klasse fürchteten – wie der böse Geist den Drudenfuß! Trotzdem wurde Welke erneut in den Landtag gewählt – offenbar setzte die Bevölkerung in die volksvertreterischen *Eichenschaften* des Arbeiters Welke doch mehr Vertrauen als in das Sendungsbewußtsein der Frankenhäuser um Bürgermeister Müller.

Und auch später, in den heißen Zeiten der Klassenkämpfe, standen die Frankenhäuser Knopfmacher in der ersten Reihe. Ihr großer Streik 1910/11 vereinte dreihundertsechzig Männer und Frauen im Kampf um bessere soziale Verhältnisse, dauerte achtunddreißig Wochen und erregte nicht nur in Deutschland Aufsehen.

Es ist spät geworden, lieber R., und die Feder wird mir schwer in der Hand. Thomas schläft schon lange, ab und zu wälzt er sich in seinem Bett und murmelt Unverständliches; ich hoffe, es sind nur angenehme Erlebnisse, von denen er träumt.

Vom heutigen Nachmittag kann ich Dir nichts sonderlich Aufregendes berichten. Wir haben ihn verbummelt, ohne besonderen Vorsatz, außer dem, es uns wohl sein zu lassen und es somit jenen Grüppchen von Leuten gleichzutun, denen man in Bad Frankenhausen allenthalben begegnet und denen man, wenn sie sprechen, sogleich anmerkt, daß sie ortsfremde Kurgäste sind.

So will ich denn auch in anderer Hinsicht ihrem Beispiel sogleich folgen und nicht mit meiner Nachtruhe Raubbau treiben.

Auf bald!

N.

Bad Frankenhausen, 12. 7.

Lieber Freund!

Zwar ist es schon wieder zehn Uhr abends, trotzdem sollst Du nicht ohne Nachricht vom heutigen Tage bleiben. Auch bin ich eigenartigerweise noch gar nicht müde, was mich um so mehr wundert, wenn ich bedenke, welche Kilometerzahl wir heute wieder hinter uns gebracht haben.

Wir brachen zeitig auf, um zu den Sachsenburgen an der Thüringer Pforte zu wandern, und gingen zunächst die Chaussee entlang nach Seehausen, einem kleinen Flecken an der Hauptverkehrsstraße Nr. 85, der seinen Namen, so könnte ich mir denken, womöglich von einem großen Wasser hat, das dereinst da gestanden haben mag, wo sich heute ein großes Sumpfgebiet zwischen Seehausen und dem Solgraben bei Esperstedt ausdehnt. Hinter dem Ort zweigten wir von der Straße ab, um uns in den Kirschpflanzungen am Hang nach Oldisleben eine morgendliche Gaumenfreude zu holen. (Nie zuvor in meinem Leben habe ich mich an Kirschen derart sattessen können wie während der Tage meiner Kyffhäuserwanderungen). Nach einer Weile versperrte uns ein Kornfeld den weiteren Weg am Hang, und wir mußten wohl oder übel wieder hinunter zur Landstraße, über der die heiße Luft flimmerte wie über einem Heizungsrohr. Thomas lief barfuß, Staub und Schweiß hatten seine Füße wundgerieben, und es war nur zu hoffen, daß wir in Oldisleben eine Drogerie finden würden, um uns dort mit Pflaster versorgen zu können. Oldisleben ist ein langgestrecktes Straßendorf, und wir mußten es beinahe bis zum Ende durchlaufen, ehe wir schließlich eine kleine Drogerie fanden. Der Drogist, ein älterer Mann mit grauem Kittel, hatte alle Hände voll zu tun, die dichtgedrängt in dem kleinen Laden stehenden Kunden der Reihe nach zu bedienen. Und obwohl er sich redlich mühte, rasch voranzukom-

men, dauerte es doch beinahe eine halbe Stunde, bis schließlich auch wir unseren bescheidenen Wunsch nach einem Pflaster äußern konnten. Nachdem wir Thomas' Füße soweit versorgt hatten, daß er seine Sandalen wieder anziehen konnte, fragten wir einige alte Frauen, die eben dabei waren, sich über die neuesten Vorkommnisse zu unterhalten, wie wir auf möglichst angenehmem Wege zu den Sachsenburgen kämen. Wir wurden nach rechts verwiesen, sollten an der am Berg erbauten Kirche vorbeigehen und dann nur den Schildern folgen, die uns den Weg zur unteren Sachsenburg weisen würden. Wir stiegen den Berg hinauf, ließen, wie uns geheißen, die Kirche rechts stehen und kamen bald an ein großes Tor, hinter dem ein weiter Hof und große Gebäude zu sehen waren. Daß dies nun schon unser Ziel sein sollte, paßte nicht so recht in meine Vorstellungen, denn nach der Landkarte zu urteilen, mußten sich die Sachsenburgen viel weiter außerhalb, und zwar südlich von Oldisleben befinden. Als wir näher gekommen waren, klärte sich der Sachverhalt auch rasch auf; das große Tor war der Eingang zum volkseigenen Gut Oldisleben. Die Gebäude haben keinen besonderen historischen Wert, stehen aber auf kulturgeschichtlich interessantem Gelände. An manchen Mauerresten erkennt man noch, daß hier einst das reiche und angesehene Benediktinerkloster gestanden hat. Möglicherweise von Adelheid, der Gemahlin Ludwig des Springers, gestiftet, wurde es im Bauernkrieg geschleift. Ein Mönch des Klosters, so wird erzählt, habe sich seinerzeit Müntzern angeschlossen und feurige Philippiken wider seinen Orden gehalten, worauf die Bauern vor das Kloster gezogen wären und keinen Stein auf dem anderen gelassen hätten.

Wir sahen uns ein wenig um auf dem Gutshof, merkten aber bald, daß wir hier, inmitten von Traktoren und Landmaschinen, fehl am Platze waren, und gingen zurück bis zur Kirche. Dort, am Pfarrhaus, harkte ein Mann im Vorgarten.

Wir fragten neuerlich nach dem Weg und wurden nun genau eingewiesen. Bald fanden wir die Treppe, die er uns genannt hatte, und nach kurzem Aufstieg waren wir in einem schattigen Laubwald, wo wir nun auch die Wegweiser fanden, von denen die Frauen im Dorf gesprochen hatten. Sie wiesen uns südwärts und zeigten überdies an, daß wir die untere Sachsenburg in etwa einer halben Stunde erreichen würden. Diese Angabe stimmte ziemlich genau überein mit der Zeitspanne, in der sich die Bäume vor uns lichteten und wir auf ein Plateau traten, auf dessen einer Ecke der runde Bergfried der einstigen unteren Sachsenburg steht. Dreißig Meter hoch ist dieser Lugaus, und wenn man ihn besteigen könnte, hätte man von oben bestimmt eine nicht minder schöne Aussicht wie vom Kyffhäuserdenkmal. Außer dieser großen Ruine, in der die Turmfalken nisten, sind nur noch ein paar Mauerreste und Kellergewölbe erhalten – aber das war allemal genug für Thomas zum Herumstöbern und Improvisieren abenteuerlicher Ritterspiele. Hier oben stehen schöne alte Kastanienbäume; ihr Schatten ist sanft und einladend, und Sonnenflecken flirren in ihm, wenn der Wind das Laub bewegt. Ich legte mich unter einen der Bäume, lehnte den Kopf an seine Wurzeln und ließ mich von dem vielstimmigen Raunen des Verkehrs, das aus dem Grunde der „Porta Thuringia" heraufbrandete, in einen wohligen Halbschlaf lullen. Darin erschienen mir allerei kuriose Bilder, von denen mir eines noch im Gedächtnis ist. Es war eine Karikatur. Also: Da war eine Landschaft mit drei Bergen zu sehen. Auf dem einen stand ein Turm, zu dem ein Pfeil wies mit der Erklärung „lauschige Burgruine", auf dem Nachbarweg ein paar Bäume mit dem Hinweis „holder Wald", am Fuße des dritten Berges ein Städtchen und die Benennung „rührend-liebevoll gepflegte kleine Fachwerkhäuserstadt". An einem Weg, der in das Bild hineinführte, stand die Erläuterung „stolpriger Kopfsteinpflasterwanderweg". Und über der Szene schließlich schwebte im langen Gewande ein Engel, der eine Leier im Arm hielt, von welcher allerlei Töne zur Erde hinabpurzelten, und der, welche Infamie!, meine Gesichtszüge trug. Das Ganze aber war mit großen Buchstaben überschrieben: UND ÜBER ALLEM DER DICHTER. Ich wollte mich noch eine Weile fliegen sehen, aber da weckte mich Thomas und fragte: „Vati, warum grinst du denn im Schlaf?" Ich sagte ihm, ich hätte gerade von einer Buchbesprechung geträumt und mich gefreut, daß das Werk so gut verstanden worden wäre. Der Sohn hatte aber nur ein mildes Lächeln für die Ausgeburten des väterlichen Unterbewußtseins; er wollte weiter, denn hier an der Unterburg war sein Suchen nach den sagenhaften „Bonifatiuspfennigen" bislang erfolglos geblieben. Wahrscheinlich würde er auch weiter oben, bei der Oberburg, enttäuscht werden, weil jene kleinen graubraunen Steinscheiben, auf denen sich Teile urzeitlicher Seelilien abgedrückt haben, hier schon lange nicht mehr gefunden werden. Die Bezeichnung „Bonifatiuspfennige" haben jene Fossilien von den Legenden bekommen, die sich um sie ranken. Danach hätten sich jene Steine in den Händen des Missionars in Geldstücke verwandelt, mit denen er für sich und seine Freunde habe Brot kaufen können. Andere Erzähler sagen, auf diesen Bergen hier habe Bonifatius das Geld der vestockten Heiden zu Steinen verflucht.

Wir stiegen also weiter hinauf, Thomas mit den Blicken immer am Boden, hoffend, doch noch ein exklusives Andenken an die Sachsenburgen zu finden. Über eine Bergwiese, die vielleicht eine Festwiese ist, denn am Waldrand steht eine kioskähnliche Baracke, gelangten wir auf steilem Pfad über Geröll und Steine schließlich zu den Ruinen der oberen Sachsenburg. Deutlich sieht man, daß sie einst von Wällen und Gräben umgeben und deshalb wohl eine starke Festung war, und auch heute ist das verbliebene Gemäuer noch überaus stattlich anzusehen. Der Burghof ist dreieckig, an seiner Nordseite steht ein strammer Bergfried. Auch der Palas ist bis auf Dach und Decken erhalten, er stammt aus romanischer Zeit; doch an spitzbögigen Fenstern kann man sehen, daß auch in späteren Epochen an der Burg gebaut wurde. In jener Zeit, da die Bergvesten entstanden sein mögen, waren die „Köpfe" hier oben über der Thüringer Pforte sicherlich kahl. Heute indessen sind die Burgen dicht umwachsen von Bäumen und Sträuchern, und nur an wenigen Stellen kann man durch diesen dichten Kranz aus Ästen und Blättern hindurchschauen, hinab ins Tal der Unstrut. Wenn man sieht, wie sich der Fluß, die Straßen und die Eisenbahnlinie Erfurt–Magdeburg durch das enge Tal zwischen Hainleite und Schmücke zwängen, wird einem die Bezeichnung „Thüringer Pforte" verständlich. Seit Jahrtausenden ist hier ein Nadelöhr des Nord-Süd-Handels – von den Hansestädten des Nordens zu den Handelsplätzen im Süden. Heere sind durch jenen Paß gezogen und Völkerstämme auf der Suche nach neuem Siedlungsraum. In dem Dorfe Sachsenburg am südlichen Ausgang der Pforte soll es Chroniken geben, in denen man Aufschlußreiches über den regen Verkehr am Fuße der einstigen Sachsenburgen lesen kann.

Wir blieben etwa eine halbe Stunde an und in den Mauern der Oberburg, und ich hatte erhebliche Mühe, meines Sohnes geschichtliche Interessiertheit zufriedenzustellen (was mir nur leidlich durch die Erfindung einiger schauriger Raubrittergeschichten gelang). Auf dem Rückweg nach Oldisleben mußten wir mehrere Male an der Richtigkeit der eingeschlagenen Richtung zweifeln, da sich unser Weg oft gabelte, ohne daß entsprechende Wegweiser unsere Entscheidung für diese oder jene Abzweigung erleichtert hätten. (Ganz offenbar ist diese Gegend hier, wie auch das Eichsfeld, vom modernen Tourismus bisher noch weitgehend verschont geblieben.) Kurzum, der gute Glaube an unseren Orientierungssinn führte uns tatsächlich wieder nach Oldisleben, und zwar zu jener Treppe, über die wir am Morgen den Ort verlassen hatten.

Jedes Gesundheitsmagazin, das etwas auf sich hält, bringt mindestens einmal halbjährlich einen warnenden Beitrag darüber, daß heutzutage zu gut und zuviel gegessen werde. In Oldisleben, lieber R., scheinen die Gaststättenleiter einen Provisionsvertrag mit jenen Redaktionen geschlossen zu haben, etwa mit der Verpflichtung, durch Nichtzurverfügungstellung von warmen Mittagsmahlzeiten einen entscheidenen Beitrag zur Volksgesundheit zu leisten. Wir bekamen jedenfalls heute in keinem der drei Oldislebener Gasthäuser ein Mittagessen. Besonders schmerzlich wurde uns dies, als in einem dieser Häuser uns ein verführerischer Duft von Sauerkraut und Eisbein empfing, der aber offenbar privaten Töpfen entströmte. Diese Vermutung wurde bei mir noch bestärkt, als ich sah, mit welch müden Bewegungen die überaus dralle Bufetteuse die wenigen Handgriffe versah, die ihr in dieser Selbstbedienungsgaststätte noch zu verrichten blieben. So mußten wir denn hungrig weiterziehen, wodurch uns die Lust, noch hinüber zur Heldrunger Wasserburg zu wandern, entschieden verleidet war. Wir werden morgen nach Heldrungen gehen.

Zurück nach Bad Frankenhausen fuhren wir mit einem gewissermaßen privaten Bus-Taxi. Den Linienbus hatten wir auf der Suche nach einer Mittagsmahlzeit verpaßt, und da uns der Rückweg zu Fuß mit leerem Magen gar nicht angenehm dünkte, beschlossen wir, unser Glück als Tramper zu versuchen. Auch hierbei wohl eine Dreiviertelstunde erfolglos, erwogen wir schon, in einer der Gaststätten auf die nächste „Linie“ zu warten, als sich aus dem Dorf ein Bus dem Ortsausgang näherte. Durch seine großen Fenster war deutlich zu erkennen, daß außer dem Fahrer niemand drin saß, also keine Linienfahrt. Ich versuchte es, winkte, der Bus blinkte rechts und hielt. Wir stiegen ein, grüßten den Fahrer und nannten unseren Wunsch, nach Bad Frankenhausen mitgenommen zu werden. Der Mann war sehr freundlich, meinte jedoch, er könne uns nur bis kurz vor Bad Frankenhausen mitnehmen; das letzte Stück zu Fuß sollte uns nicht schrecken. Ich legte dem Fahrer eine Münze auf das Armaturenbrett und sagte: „Für einen Kaffee, wenn Sie Pause haben.“ Als wir hinter Seehausen uns besagter Haltestelle näherten, stand niemand dort. Der Fahrer fragte mich nach der Uhrzeit, verglich sie mit der Angabe seines Chronometers und meinte, er sei zu früh hier. „Na, da kann ich Sie ja noch bis rein fahren. Wo wollen Sie denn hin im Ort?“ – „Zur Jugendherberge, aber Sie können uns schon am Ortseingang absetzen.“ Er fuhr uns dennoch bis vor die Haustür.

In der Unterkunft erfrischten wir unsere schwitzenden Körper und gingen hernach in den Ort, wo wir im „Barbarossagarten“ endlich unsere aufgebrachten Mägen beschwichtigen konnten. Am Nachmittag waren wir wieder schwimmen, diesmal im zweiten Freibad der Stadt. Wenngleich sehr klein und mit einer braun-grünen, höchst unappetitlichen Brühe gefüllt, überraschte es mich doch mit zwei Attraktionen besonderer Art. Erste Überraschung: die Eintrittskarten. Über zu geringe Bemessung seines Papierkontingents braucht der „Zweckverband Naherholung Kyffhäuser“ – dem nämlich untersteht dieses „Jugendschwimmbad“ – gewiß nicht zu klagen. Für fünfzehn respektive fünfundzwanzig Pfennige bekommt der Badegast Eintrittskarten aus hochglänzendem Kunstdruckpapier, deren großzügiges Format von etwa fünf mal elf Zentimetern bei den 15er Karten überdies noch eine zweifarbige Gestaltung erlaubt. Aber auch sonst sind die Billets überaus tiefsinnig durchgestaltet. Neben den Informationen, daß es sich bei dem Zettel um eine Eintrittskarte, Nr. sowieso, ins Jugendschwimmbad des Zweckverbandes Naherholung Kyffhäuser, für Jugendliche, zum Preis von 0,15 M handelt, ist noch eine Zeile vorgesehen für das jeweilige Ausgabedatum. Diese jedoch handschriftlich oder mit einem Stempel täglich einige hundert Male auszufüllen wird vom Personal mit Recht als blödsinnige Beschäftigungstheorie betrachtet und demzufolge unterlassen. Ähnliches gilt für den Kontrollabriß am Rand der Karte. Für eine Badeanstalt, wo es vom Kassenhäuschen bis zum Schwimmbecken kaum mehr als fünf Schritte sind, eine höchst sinnlose Sicherheitsvorkehrung.

Vielleicht, lieber R., haben sich die Schöpfer jener Eintrittskarten gedacht: ‚Wir hams doch, also zeigen wir auch, daß wirs ham!' Mein Gott, wie gut ginge es den Schriftstellern, wenn die Papierverwalter von Buch- und Zeitschriftenverlagen in unserem Land auch so handeln könnten!

Die zweite Attraktion: das weibliche Wesen, das die Karten verkaufte. War ich's sonst gewohnt, mich beim Kauf einer Eintrittskarte vor einem winzigen vergitterten Fenster zu verbeugen, hinter dem oft mürrische alten Frauen sitzen, die einem wortlos Karte und Wechselgeld herausschieben, so wurde ich hier regelrecht geblendet von einer dunkelhaarigen Schönen, die lässig in einem Campingstuhl in der Sonne vor dem Kassehäuschen saß. Ihr Bikini war so bemessen, daß man mit Sicherheit annehmen darf: *sie* war an der großzügigen Gestaltung der Eintrittskarten nicht beteiligt. So kam es auch, daß ich wohl mit verklärtem Blick mein Wechselgeld einzustecken vergaß, als mich Thomas mit den Worten „Nun komm doch endlich, ich hab die Karten" weiterzog. Sie rief mir hinterher: „He, junger Mann, Sie bekommen noch etwas raus!", woraufhin ich zurückging und mein Geld einsteckte, was mir allerdings erhebliche

Mühe bereitete, denn den stets verklemmten Reißverschluß meiner Geldbörse zu öffnen bedarf es einer völlig ruhigen Hand.

Vom weiteren, mein Freund, kann ich Dir nur sagen, daß es mir im Verlaufe des Nachmittags nicht leichtfiel, meinen immer wieder zum Kassehäuschen schweifenden Blicken stets den glaubwürdigen Anschein der Zufälligkeit zu geben. Sie hingegen versah gleichmütig ihren Dienst und ahnte nichts von der Verwirrung, die sie in einem arglosen Kyffhäuser-Wanderer gestiftet hatte.

Auf den Abend habe ich in einer Gaststätte ein paar Glas Bier getrunken – nur eben genug, den Durst des Tages zu löschen und die Seele in kaum merkbare Schwingungen zu versetzen. Als ich zurückkam, saßen auf den Bänken der „Raucherinsel" zwischen den Gebäuden der Jugendherberge Mädchen und Jungen einer Berliner Reisegruppe. Ihre Lehrerin hatte schon einige Male zum „Zapfenstreich geblasen"; jetzt nötigte sie die letzten durch gutmütiges, aber bestimmtes Zureden, ihre Zimmer aufzusuchen. Ein engumschlungenes Pärchen wollte partout nicht voneinanderlassen, so daß die Lehrerin schließlich eingreifen mußte. Aber nicht etwa, daß sie, wie zu unserer Zeit noch üblich, zu wettern begonnen hätte, von wegen Moral und so – nein, in diskretem Abstand wartete sie den nächsten Kuß der Erstverliebten ab, ging dann hin, klopfte dem Jungen sachte auf die Schulter und sagte mit mütterlichem Verständnis: „Nun laß man jut sein, Bolle; du erstickst mir det Mädchen ja noch."

Daraufhin trennten sich die beiden, nicht gerne, wie man sich denken kann, aber ohne Widerspruch und sicherlich auch ohne Groll auf ihre Lehrerin.

Neues von Thomas und mir morgen. Solang sei gegrüßt und mit guten Wünschen versehen von

N.

B. Fr., 12. 7. 77

Lieber R.,

unsere Ranzen sind gepackt, Kost und Logis bezahlt, morgen früh verlassen wir den Kyffhäuser, um uns noch einige Tage in der Sangerhäuser Gegend umzutun.

Heute aber sind wir noch einmal nach Oldisleben gefahren – diesmal nicht mit dem „Daumen im Wind", sondern mit dem Linienbus. Von Oldisleben, wo man uns gestern verhungern lassen wollte, sind wir hinübergewandert nach Heldrungen, wo die berühmte Wasserburg steht, deren wehrhafte Anlagen schon im dreizehnten Jahrhundert erstmalig erbaut worden sein sollen. Am Ortsrand von Oldisleben überquerten wir die Unstrut, in der ich hier schon nicht mehr baden möchte. Dann lag vor uns eine lange gerade Chaussee, auf der es sich nicht schön wanderte, weil keine Bäume sie beschatten und zu ihren beiden Seiten nichts Hübsches das Auge erfreut. Zur Linken haben sich stillgelegte Kiesgruben mit Wasser gefüllt, deren eine zu einem Freibad ausgebaut wurde. Gegenüber eine Datschen-Siedlung – alle Häuschen im selben Stil und noch zu neu, um schon gemütlich oder zumindest ansprechend auf das Auge zu wirken. Eine halbe Stunde etwa, dann hatten wir Heldrungen erreicht. Ein Städtchen ohne besonderen Reiz, aber weithin bekannt als Mittelpunkt ertragreichen Gartenbaus, von wo aus große Mengen Obst und Gemüse zur Versorgung der Bevölkerung in weitem Umkreis versandt werden. Ich will Dir vom Ort dennoch nicht unerwähnt lassen das Rathaus, dessen giebelgeschmückte Renaissance-Fassade recht freundlich anzuschauen ist; und auch vor der Stadtkirche mit ihrer schlichten Architektur kann man ruhig einen Augenblick verweilen, denn sie wurde schon im siebzehnten Jahrhundert erbaut, und zwar auf den Resten ihrer im Dreißigjährigen Krieg zerstörten Vorgängerin. – Doch nun zum Schloß, denn um seinetwillen waren wir hergekommen. Wie von vielen anderen Stadt- und Schloßansichten unseres Landes ist auch von der Wasserburg Heldrungen ein Bild des vortrefflichen Kupferstechers Matthäus Merian d. Ä. aus dem siebzehnten Jahrhundert überliefert. Ich sah jenen Stich unlängst in einer heimatgeschichtlichen Zeitschrift der hiesigen Region und kann nun mit Fug und Recht sagen, daß die heutige Wasserburg Heldrungen nur noch wenig Ähnlichkeit mit ihrem damaligen Konterfei hat. Dies hat seine entscheidende Ursache wohl darin, daß der Sachsen-Weißenfelsische Herzog August die Burg schon in den sechziger Jahren des siebzehnten Jahrhunderts nach allen Regeln der damaligen Festungsbaukunst umbauen ließ. Und wie sollte es anders sein, haben natürlich auch die Zähne und Pläne der Folgezeiten ihres dazu beigetragen, die einstige Bastion zu dem herunterkommen zu lassen, dessen man heute noch ansichtig wird.

Wir betraten wie jeder Besucher die Burg durch das massive Haupttor, nachdem wir über eine Brücke den äußeren Wassergraben überquert hatten. Das Haupttor ist von stattlichen Rundmauern flankiert und führt in einen mächtigen Wall hinein, unter dem der Tunnel eine Kurve macht, weswegen jenes Tor auch „krummes Tor“ geheißen wird. Dahinter kommt man zur Brücke über den inneren Wassergraben. Jener nun ist, wie auch schon der äußre, kaum noch ein Wassergraben im wehrhaften Sinne der Architekten von 1668. Die Gräben sind versumpft, und was da unten noch wie Wasser aussehen will, erinnert eher an den Abguß einer Kläranlage. In einer Schrift, die mir später in der Burg verkauft wurde, lese ich: „... durch das Ausbaggern des äußeren und inneren Wallgrabens wird die Wasserführung neu reguliert, die nachteiligen Einflüsse auf die Grundwasser- und Bodenverhältnisse der Stadt verschwinden.“ Jene Schrift wurde 1975 herausgegeben – ihre Worte mögen eines landschaftsliebenden Leiters Ohr finden! Oder haben sie das schon, und die Gräben sahen vorher noch schlimmer aus als heute? Thomas fragte mich, ob es nicht ein Frevel sei, ein funktionstüchtiges Fahrrad dort unten hineinzuwerfen. Dabei mußt Du, lieber R., noch den pragmatischen Sinn meines Sohnes einkalkulieren; denn ein Badeofenunterteil, einige Autoreifen und diverse Handwagenreste im Graben fielen ihm weit weniger auf.

Nun aber wollen wir, gemeinsam mit Dir, die einst gefürchtete „Regular-Fortifikation" vollends stürmen, was von ihrer heutigen Besatzung im selben Maße gewünscht wird, wie es die seinerzeitige zu verhindern trachtete. Der Innenhof ist recht weitläufig – viele der ehemaligen Gebäude mußten den schon erwähnten Zähnen und Plänen weichen. Was noch steht, ist, da mehrstöckig und erhaben gebaut, von durchaus schloßartigem Charakter. Zu besichtigen ist allerdings nur wenig davon. Drei Räume im Obergeschoß eines der Flügel sind zu einer Art Museum eingerichtet; doch was es da zu sehen gibt, ist allzu dürftig, als daß ich es Dir hier mit Akribie aufzählen müßte. Was die Ausstellung über Müntzer und den Bauernkrieg aussagt, habe ich besser und reichhaltiger in Mühlhausen und Frankenhausen gesehen; was an Heimatgeschichte dargestellt wird, ist zu wenig spezifisch, als daß man länger davor verweilen müßte. Lediglich das Kabinett, wo heutige Militärtechnik in Wort, Bild, Modellen und Originalen zur Schau gestellt wird, läßt viel Sorgfalt und materiellen Einsatz erkennen. – Unser Rundgang dauerte kaum länger als eine Viertelstunde, dann stiegen wir die ausgetretenen Stufen wieder hinab. Ich enttäuscht, Thomas eher erleichtert, denn stundenlange Museumsbesuche sind nicht eben seine Lieblingsbeschäftigung – wer wollte es ihm verdenken mit seinen zehn Jahren? Bevor wir das Haus verließen, gab ich dem jungen Mann an der Kasse meine Enttäuschung unverhohlen kund, was ihn nicht sonderlich zu überraschen oder gar zu kränken schien, denn er hatte sogleich eine Entschuldigung parat: das Museum werde, wie die Gesamtanlage der Burg, zur Zeit rekonstruiert. Na schön, Heldrungen liegt ja nicht aus der Welt – vielleicht fahren wir nächstens einmal gemeinsam hin, was hältst Du davon?

Doch ich will nicht Zukünftiges mit Dir erörtern, noch gibt es von Vergangenem ein paar Sätze zu erzählen. – Wieder auf dem Schloßhof, stöberten wir noch ein wenig in Mauerecken, Nischen und auf dem Wall herum, fanden hier und da manch bemerkenswertes Detail und kehrten dann auf selbem Wege, wie wir sie betreten, der Wasserburg wieder den Rücken. Im Ort, an der Haltestelle, stellten wir fest, daß der nächste Bus nach Oldisleben/Frankenhausen erst am späten Nachmittag fuhr. Da wollte ich doch lieber zu Fuß gehen. Thomas entfuhr ein steinerweichendes Stöhnen, aber tapfer schluckte er den in ihm emporkommenden Protest hinunter und fügte sich in das unvermeidliche Geschick. Hier mochte er wohl zum ersten Male seine Bitte bereut haben, mich auf meiner Wanderung begleiten zu dürfen. Die Sonne quälte uns erbarmungslos, als wir die kilometerlange schnurgerade Chaussee nach Oldisleben zurücktippelten, und mit Bedauern mußte ich feststellen, wie sehr wir heute schon verwöhnt sind. Denk nur an die Handwerksgesellen vor hundert Jahren! Ich glaube nicht, daß es nur ökonomische Zwänge waren, die sie auf die Wanderschaft trieben. Sie suchten ganz bestimmt auch die romantische Abenteuerlichkeit solcher Reise, die Freiheit in der Natur, immer wieder andere Menschen, andere Meister, von denen sie Neues lernen konnten, und andere Mädchen, denen sie Neues lehren konnten. Der Fernwehkranke leidet sicherlich nicht weniger als der Heimwehkranke. Doch Wandern, um sein Fern- oder Heimweh zu mildern? Womöglich noch mit den Beinen, wie?! Du lieber Himmel! wer möchte sich schon gerne auslachen lassen? Freilich wandert man. Man macht eine Autowanderung oder eine Motorradwanderung oder eine Bustour zur Gaststätte Waldesruh mit halbstündiger Fußwanderung ums Objekt . . .

Gegen zwei Uhr mittags waren wir wieder in Oldisleben. Von dort nach Seehausen mieden wir die Chaussee, sie war uns zu heiß und staubig. Statt dessen stiegen wir einen Feldweg zum schattigen Waldrand des Hainleiteausläufers hinauf, wo uns das Spazieren durchaus wieder angenehm und kurzweilig wurde, zumal wir uns neuerlich ungezwungen und reichlich mit knackigen Kirschen bedienen konnten. Dies war besonders trostreich für Tommy, denn seinen kurzen Beinen wird in meiner Begleitung doch allerhand Kondition abverlangt. Bisher ist er noch erstaunlich lustvoll bei der Sache. Toi, toi, toi! wir haben ja noch einiges im Programm

Lieber R., laß mich schließen für heute, und drück uns bitte die Daumen, auf daß wir in Sangerhausen gleichermaßen mühelos ein Unterkommen finden. Viele Grüße, und halte Dich stets bei bester Laune!

N.

Sangerhausen, 14. 7. 77

Es scheint lieber Freund, ich soll für einige Mißlichkeiten meiner Reise überreich entschädigt werden! Auch in Sangerhausens Jugendherberge bekamen wir so rasch und unbürokratisch Quartier, als sei dasselbe schon seit Tagen für uns reserviert gewesen. Vater und Sohn haben also in einem frisch restaurierten mittelalterlichen Fachwerkhaus nahe dem Bahnhof (aber weit genug entfernt, um von seinen Geräuschen nicht belästigt zu werden) je ein Einzelzimmer bezogen und von dem Herbergswirt die Zusage erhalten, daß sie diese einige Tage in Anspruch nehmen könnten.

Den gestrigen Nachmittag nutzten wir, uns sogleich ein wenig umzusehen, wobei wir zunächst wieder am Bahnhof landeten, weil uns dort die Aussichten, recht schnell ein Mittagessen zu bekommen, am günstigsten schienen. Gleich unterhalb vom Bahnhof befindet sich das Städtische Spengler-Museum, in dem als besondere Attraktion ein fast vollständiges Mammut-Skelett zu bestaunen ist. Das Alter der sterblichen Überreste dieses Untiers wird auf immerhin 450 000 Jahre geschätzt. Wegen jenes Ungetüms also beschlossen wir, gleich am ersten Tag in Sangerhausen ein Museum aufzusuchen. Der Name „Spengler-Museum" leitet sich nicht etwa von Lazarus Spengler, dem Dichter und Reformator, her, sondern bezieht sich schlicht auf den Gründer des Museums, den Sangerhäuser Tischlermeister Adolf Spengler. Von ihm stammt auch ein naturgetreues Modell der Stadt Sangerhausen, an dem er bis 1913 siebenundzwanzig Jahre gearbeitet hatte und das heute vom Personal mit Stolz als die zweite Besonderheit des Hauses präsentiert wird. Doch von zwei attraktiven Exponaten allein kann ja ein Museum nicht leben, und so ist auch in Sangerhausen im Laufe der Jahre einiges hinzugekommen. Zum Beispiel die den Fleiß ihrer Schöpfer lobende Darstellung des Sangerhäuser Kupferschieferbergbaus. Leider ist sie sehr unübersichtlich und didaktisch so veraltet, daß man bei dem Versuch, „die durchgehende Linie" zu finden, rasch ermüdet. Die restlichen Räume sind mehr oder weniger unsystematisch mit Ramsch gefüllt, wie er sich in allen kleinen Querschnittsmuseen anzuhäufen pflegt.

Dennoch war es später Nachmittag geworden, als wir das Spengler-Museum verließen, und es schien angezeigt, uns für den Abend zu versorgen, da hiesige Jugendherberge nur Quartiere zur Verfügung stellen kann. Zu diesem Zweck gingen wir die vom Bahnhof zum Stadtkern führende Straße hinunter. Sie läuft am Postamt vorbei, dann auf der anderen Straßenseite an einer erzgemütlichen kleinen Kneipe und schließlich zur Brücke über die Gonna. Die Gonna ist jetzt ein übelriechendes Rinnsal, das, wie der Eisenacher „Müllgraben", mitten durch die Stadt fließt. Man kann regelrecht sehen, wie diese milchige Brühe mit Gift und Pestilenz übersättigt ist, und fragt sich nur, wie die vielen Anwohner diese Verpestung ihrer Atemluft aushalten. – Hinter der Brücke wird die Straße schmaler, die kleinstädtischen Häuschen rücken dichter zusammen, und in ihren Erdgeschossen reiht sich Laden an Laden. Obwohl wir bis dorthin schon an mehreren Geschäften vorbeigekommen waren, wo wir uns die zum Abendessen notwendigen Lebensmittel hätten kaufen können, bummelten wir weiter bis zum Rathaus, das von Bauleuten des fünfzehnten Jahrhunderts in spätgotischer Manier, aber mit gemessenem Aufwand errichtet wurde. Wir wandten uns nach links, dort ist ein Kino, dann wieder rechts, wo ein schöner zweistökkiger Erker das im Renaissancestil erbaute Neue Schloß ziert. Während Thomas sich an das Ende der langen Schlange vor einer Eisbude stellte, schlenderte ich weiter, wobei wir vorher allerdings vereinbart hatten, daß ich ihn in einer Viertelstunde dort am Eisstand wieder abholen würde. Ich ging den Boulevard hinunter, der vom Rathaus, vorbei an der großen Jacobikirche, zu einer Kreuzung führt. Auf halbem Wege fiel mir en passant eine kleine Buchhandlung auf, wo vor den Fenstern den Vorübergehenden antiquarische Bücher zur Selbstauswahl angeboten wurden. Ich wühlte auch ein wenig in den hölzernen Kästen, feilich ohne nennenswertes Ergebnis. Trotzdem war dem Buchhändler sein psychologischer Trick gelungen, denn einmal angestachelt, konnte ich nun nicht mehr an mich halten, im Laden nachzusehen, ob denn da nicht noch etwas Besonderes zu finden wäre. Der Erfolg war durchschlagend, lieber R. –

sowohl für mich, als auch für den Buchhändler. Bücher, die ich in Antiquariaten schon jahrelang suche, standen dort im Regal und hüteten offenkundig nicht erst seit gestern den Laden. Als ich die Buchhandlung verließ, war ich um fünfzig Mark ärmer und meine Bibliothek um sechs Bände reicher. Die Verabredung mit meinem Filius hatte ich dabei um beinahe vierzig Minuten überzogen. Jetzt sorgte ich mich und eilte, das Bücherpaket unter dem Arm, zurück zu jener Eisbude, wo wir uns getrennt hatten. Thomas war weg!

Nun ist es nicht meine Art, bei solcher Entdeckung, wie die Mütter, allsogleich in Panik zu verfallen, zumal in unserem Land das Delikt des Kidnapping gottlob eine unbekannte Erscheinung ist. Dennoch mußte ich befürchten, daß der Junge seinerseits über mein Ausbleiben in Angst geraten war und nun, mich suchend, allein in der fremden Stadt umherirrte. Um Gewißheit zu erlangen, daß Thomas bis vor kurzem hier auf mich gewartet hatte, fragte ich den Eisverkäufer, ob er sich eines kleinen Kunden erinnern könne, der blaue Augen habe und blonde Haare und bekleidet sei mit einem weißen Nicki und ledernen Seppelhosen. Der Mann konnte sich nicht entsinnen; es wäre dies wohl auch etwas zu viel verlangt angesichts der nie abreißenden Kinderschlange vor seinem Eisstand. Erinnern konnte sich aber eine Frau, die meine besorgte Frage an den Eisverkäufer mitgehört hatte, nun aus der Reihe der Wartenden trat und mir sagte, sie sei Kassiererin im gegenüberliegenden Kino, wo sie vor etwa zehn Minuten einem Jungen, auf den meine Beschreibung exakt zutreffe, eine Karte für die gerade laufende Vorstellung verkauft habe. Der Junge sei ihr in besonderem Maße aufgefallen, da er sich keinen normalen Platz im Parkett, sondern einen teueren im Kino-Café gekauft habe. Wenn ich einen Moment warten wolle, würde sie mich hinüberführen, und ich könne selbst sehen, ob es mein Sohn sei. Ich dankte der freundlichen Frau und ging mit ihr, nachdem sie sich ein Eis gekauft hatte, die wenigen Schritte über die Straße zum Kino. Wir traten leise ein in das von gedämpftem Licht erhellte Kino-Café, das durch eine große Glasscheibe vom übrigen Zuschauerraum abgetrennt ist. Die Zuschauer sitzen hier in bequemen Sesseln, die sich zwanglos um kleine Clubtische gruppieren, dürfen rauchen und werden von einem reizenden Fräulein, das sich leise wie auf Katzenpfoten bewegt, mit Getränken bedient. Draußen auf der Bühne des Zuschauerraumes läuft der Film ab, dessen Ton über Lautsprecher in gemessener Lautstärke hierherein übertragen wird. Die Kassiererin wies auf einen Sessel nahe der Glasscheibe, hinter dessen dickgepolsterter Lehne ein schmaler weißbekleideter Rücken zu sehen war. „Das ist er", sagte ich erleichtert und gab der Frau einige Münzen mit der Bitte, gleich hierbleiben zu dürfen. Sie wurde mir gewährt. Ich schlich leise nach vorn und setzte mich behutsam in einen Sessel neben Thomas. Der hatte zwar bemerkt, daß sich jemand neben ihn gesetzt, nahm aber keinerlei Notiz davon, denn er war vollständig gefesselt von dem Geschehen auf der Leinwand, wo Luis de Funes eben dabei war, einem Polizisten mit urkomischen Grimassen seine Unschuld an einer Autokarambolage zu beteuern. Als ich mich schließlich deutlicher bemerkbar machte, nahm mich mein Sohn zwar zur Kenntnis, doch wie mir schien eher beiläufig, denn er sagte nur: „Ach, da bist du ja endlich", und war sogleich mit seinen Sinnen wieder bei den cineastischen Kapriolen, die der französische Erzkomödiant vorn auf der Leinwandbühne vollführte. Nun gut, ich konnte sein Verhalten nicht mißbilligen – schließlich war *ich* zu spät gekommen. Allmählich fand auch ich mich in die Handlung des Films und teilte bald die ausgelassene Heiterkeit meines Sohnes und der übrigen Kinobesucher. – Als wir nach der Vorstellung wieder den Theatervorraum betraten, kam die nette Kassiererin noch einmal auf mich zu und gab mir nachträglich die Eintrittskarte – Ordnung muß sein!

Den Abend verbrachten wir in der Herberge, die richtig „Jugendübernachtung" heißt. Wir haben dort, ich sagte es schon, jeder ein eigenes Zimmer, so daß ich Thomas' Schlaf nicht störe, wenn ich zur Nacht noch über meinem Tagebuch oder dem Briefpapier sitze. Nachts ist es ruhig hier; nur wenige Autos fahren durch die schmalen Straßen, und hin und wieder hallen die Schritte eines Fußgängers herauf. Die Zimmer sind klein und niedrig, doch ist genug Platz für Bett, Schrank, Tisch, Stühle und Ofen. Die Dielenbretter haben Gefälle zum Fenster hin, aus dem sich nur hinauslehnen kann, wer nicht allzu breitschultrig ist. Sicherlich gehört jenes langgestreckte Haus zu den ältesten der Stadt und stand schon hier, als Sangerhausen noch zu den Pfründen der Sächsischen Kurfürsten gehörte. Das erhabene Alter des Hauses wirkt aber keineswegs störend auf seine zeitweiligen Bewohner, da das Gebäude im ganzen aufs beste renoviert und mit allem Nötigen durchaus versehen ist.

Als wir nach der Kinovorstellung Abendessen einkauften, hatte ich außer Brot, Wurst und Käse auch einen vorzüglichen „Pinot" und einige Kerzen erworben, bei deren Scheine ich jetzt nach Mitternacht in meinem Zimmer sitze. Ich liebe es, bei Kerzenlicht in einem sonst dunklen Raum zu sitzen, nachzudenken, zu träumen und zu schreiben. Der warme Schein der Flamme ist gleichsam ein Ruhepunkt für Augen und Seele; einen solchen Punkt braucht meine Phantasie, will sie im Dunkel der Nacht unbekümmert ihre Kreise ziehn. Laß mich darum, mein Freund, den Brief hier enden. Für heute will ich meine Gedanken nicht länger disziplinieren und sie statt dessen dem heiteren Spiel mit ihren Gefährten, den Träumen, überlassen. Dies um so mehr, als auch der köstliche Wein, den ich genossen habe, schon beginnen will, mir blumige Gesichte zu verschaffen.

Gehab Dich denn wohl, und schenk mir ein paar freundliche Gedanken.

N.

Sangerhausen, 14. 7. 1977

Lieber Freund!

Als wir gestern Mittag die Halle des Sangerhäuser Bahnhofes betraten, erregte von allen dort angebrachten Werbetafeln vorzüglich jene mit folgendem Text unsere Aufmerksamkeit: „ROSARIUM Sangerhausen — der Welt bedeutendster Rosengarten.“ Heute morgen nun gingen wir hin zu jener Stätte südöstlich vom altstädtischen Zentrum, um uns mit dem hohen Anspruch „der Welt bedeutendster Rosengarten“ selbsturteilend auseinandersetzen zu können. Leider erlitten wir eine herbe Enttäuschung, doch geht der Vorwurf, der hierin mitschwingt, keineswegs an die Sangerhäuser Rosengärtner, sondern eher an Petrus, der mit seinem Regen-Embargo den Bogen unserer Toleranz nun allmählich überspannt. Kaum, daß wir noch etwas Blühendes sahen, als wir, von der Riestedter Straße kommend, oberhalb des sogenannten Zweierteiches das Rosarium betraten. Rosenpflanzungen und Rasenstücke waren grau bestaubt; die unerhört lange Trockenheit hat auch hier, wie anderswo, die Vegetation in die Knie gezwungen. Die duftende Farbenpracht, die dieser Berggarten mit seinen über 6 500 Rosensorten und -arten unter normalen klimatischen Bedingungen zu entfalten vermag, konnten wir deshalb nur ahnen. An manchen Stellen der labyrinthisch von Wegen und Pfaden durchzogenen Anlage wurden kleinere Flächen künstlich beregnet, wohl, um zu retten, was noch zu retten wäre — aber was sind schon einige Millionen kleinster Tröpfchen auf einer von wochenlanger Sonnenglut ausgedörrten Erde? Viele verdunsten, ehe sie den Boden erreichen. – Am südöstlichen Ende des Rosengartens bestiegen wir das Alpinum. Es ist dies eine kleine Felsenhöhe, zwischen deren Spalten und erdigen Auffüllungen bei besserem Wetter zahlreiche Felsenstauden in den mannigfaltigsten Farben blühen. Auch kann man hier sonst die kleinsten Rosen der Welt finden, sogenannte Zwergbengalrosen. Ich sage „sonst", weil *ich* sie nicht fand, was in diesem Falle aber nicht notwendig mit der schon beklagten Trokkenheit zusammenhängen muß – vielleicht sind sie wirklich so klein.

An einem besonders stattlichen Findling erinnern Porträtplakette nebst Gedenktafel an Professor Ewald Gnau – den Rosenvater, wie ihn die Sangerhäuser liebevoll nennen. Ihm und den Rosenzüchtern Peter Lampert und Albert Hoffmann (einem Gärtner aus Liebe, der vierhundert Rosensorten im eigenen Garten an der Sangerhäuser Wilhelmstraße gezüchtet hatte) gebührt die Ehre, als erste genannt zu werden, wenn man von der Entstehung des Rosariums spricht. 1903, am 3. Juli, wurde es eröffnet – heute registrieren seine Kartenverkäuferinnen jährlich 150 000 Besucher. – Vom Alpinum herab kann man sehr schön schauen. Zu Füßen, mit sanftem Gefälle, erstreckt sich die Parkanlage, in der neben beinahe allen Rosensorten der Welt auch eine stattliche Anzahl in- und ausländischer Sträucher und Bäume kultiviert werden. Nicht nur Buchen, Birken, Kiefern und Fichten beschatten die Wege, sondern auch die gewaltige Libanon-Zeder, der aus China und Japan stammende Morgenländische Lebensbaum oder der breitkronige Trompetenbaum, um nur drei der exotischen Arten zu nennen. Hebt man den Blick und schaut zwischen den Zweigen der Bäume, die am Fuße des Alpinums wurzeln, hindurch, sieht man im Dunst des Tales die Stadt und jenseits auf den nördlichen Hügeln ihr markantestes Wahrzeichen aus neuerer Zeit: die riesige Abraumhalde des Thomas-Müntzer-Schachtes. Jenen Kegel, der an Höhe den ägyptischen Pyramiden sicherlich nicht nachsteht, sahen wir schon vom Kyffhäuserdenkmal, und dort bereits bekam ich eine Ahnung, besser als beim Studium der exakten Statistik, von der Schwere der Untertagearbeit. Mit dem Fortschritt der Technik haben sich zweifellos auch die Arbeitsbedingungen der Bergleute verbessert; dennoch habe ich vor kaum einem anderen Berufsstand eine ähnlich hohe Achtung wie vor dem des Bergmannes. Tagtäglich, manche ihr Leben lang, fahren die Sangerhäuser Kumpel tief in die Erde, um dort Steine zu brechen, die, wenn man sie schmilzt, maximal drei Prozent ihrer Masse in Form jenes Metalles freigeben, das für Wissenschaft und Technik von Jahr zu Jahr wichtiger und knapper wird: Kupfer. Kuper für elektrische Leitungen, für Relaisspulen, für galvanische Bäder, für feinste Aufdampfschichten in der Mikroelektronik, für ... – doch wie komme ich dazu, Dir, lieber R., als approbiertem Elektroniktechniker die mannigfaltigen Verwendungen von Kupfer aufzuzählen. Folge mir lieber; wir wollen uns jenen pyramidalen Steinhaufen auf der „Hohen Linde“ aus der Nähe betrachten!

Der Werbeprospekt des Rosariums bietet in seinem Anhang auch einige Wanderrouten rings um Sangerhausen an – wir wählten für den Nachmittag den Weg zum „Schlößchenkopf“. Da dieser sich nördlich der Stadt erhebt, mußten wir jene wieder durchqueren, wobei wir in den Gassen der Altstadt allenthalben noch manchen hübsch erhaltenen Giebel und Erker bewundern konnten. Westlich vom Bahnhof unterquerten wir dann die Geleise der Reichsbahn, kamen an Fabrikhallen vorbei, in denen die allerorts begehrten Mifa-Fahrräder hergestellt werden, und konnten dann das Gelände des Thomas-Müntzer-Schachtes ganz aus der Nähe betrachten. Hoch über der Erde schweben die

Gondeln einer Seilbahn, die das taube Gestein hinaufbringen bis zur Spitze der riesigen Halde, von wo aus sie leer wieder zu Tale schaukeln. Nach kurzer Zeit führte uns der mählich ansteigende Weg dann in einen Laubwald und weiter (wobei wir, es sei gestanden, die Warnungen entsprechender Schilder unserer Neugier zuliebe übersahen) direkt an den Fuß des künstlichen Berges. Wir zogen uns aber sehr rasch wieder zurück, als wir sahen, wie weit im Wald die großen Brocken des von der Halde heruntergerollten Gesteins verstreut lagen. Die Vorstellung, wir könnten unsere leichtsinnige Neugierde mit einem bösen Unfall bezahlen, ließ uns eben noch Zeit für ein Foto und zum Aufsammeln einiger faustgroßer Stücke jenes weißgrauen, glitzernden Gesteins, das die Bergleute aus der Sangerhäuser Erde herausbrechen. Am Nordrand des Waldstücks lief unser Weg dann sacht zur Kuppe des Hügels, wo ein einsames Gehöft steht und von wo aus wir nur noch durch eine schmale Senke von den waldigen Ausläufern des Unterharzes entfernt waren. Irgendwo jenseits lag Morungen, der Geburtsort Heinrichs von Morungen. Wenn Zeit und Budget es erlauben, werden wir die Heimat des Minnesängers noch besuchen. Für heute nachmittag jedoch wäre dieser Weg zu weit, auch haben wir für heute noch anderes im Plan. Thomas besteht seit einigen Tagen darauf, daß wir, sobald sich die Möglichkeit bietet, ein gewaltiges Schokoeis-Gelage verantstalten. So sei es! Auch ich zerreiße für Eis mit Sahne zuweilen mein letztes Hemd. Ich spreche im Präsens, weil das Gelage noch aussteht, denn ich schreibe Dir jetzt nicht etwa wieder mitternächtig bei Kerzenschein, sondern im nunmehr erträglichen Scheine der nach Westen abwandernden Sonne. Wir haben das Wäldchen in südlicher Richtung wieder durchquert und sitzen nun unter dem raschelnden Baldachin eines Eichenbaumes. Vor uns liegen die Dächer von Sangerhausen, die spitzgiebligen, verwinkelten der Altstadt und die flachen, langgestreckten der neuen Stadtteile im Süden und Westen – unter einem dieser Dächer wird sich ja wohl auch eine Milchbar finden lassen. – Wohl bekomm's! – Danke, mein Lieber!

N.

Morungen, am 15. 7. 1977

Lieber R.!

Erinnerst Du Dich des lästerlichen „Gedichtes", mit dem Schilling und ich einen armen Touristen in den Ruinen der Oberburg auf dem Kyffhäuser schreckten? Vielleicht sind just an dieser Stelle, wo wir uns einen übermütigen Jux machten, folgende wunderschönen Verse mittelhochdeutschen Minnesangs entstanden:

Ich bin siech, mein herze ist wunt
frouwe, daz hant mir getan
min ougen und din roter munt.

Der sie dichtete, Heinrich von Morungen, lebte an Barbarossas Hof, bevor er 1217 in das Leipziger Thomaskloster eintrat, woselbst er fünf Jahre später starb. – Thomas und ich brachen zeitig am Morgen auf, um von Sangerhausen zu jener Stätte zu pilgern, wo um 1150 ein Ritter geboren wurde, den die einschlägige Wissenschaft ebenbürtig in die Reihe der Wolfram von Eschenbach, Walther von der Vogelweide und Reinmar von Hagenau stellt. Wir wanderten wieder über jenen waldigen Hügel nördlich Sangerhausen, kamen dann durch ein stattliches Dorf, welches Lengefeld heißt, und schließlich durch hügeliges Land an die Ausläufer des Unterharzes, der hier mit herrlichen Laubbaumbeständen an die Goldene Aue grenzt. Um unser Ziel nicht zu verfehlen, hielten wir uns hernach auf der nach Westen führenden Chaussee und erreichten im steten Wechsel von bergauf und bergab nach einer guten Stunde schließlich das kleine Bergdorf Morungen. Der Ort empfing uns mit sehr romantischem Aussehen; seine Häuser schmiegen sich an die Hänge der bewaldeten Berge, in deren Kerben Quellen munter zu Tale springen. Dies gilt freilich nur bei normalem Wetter; heute erinnerten uns die dünnen Rinnsale eher an Tränen denn an übermütige Gebirgsbäche. Inmitten einer kleinen Parkanlage kündet eine im epigonalen Stile der Jahrhundertwende erbaute Villa vom high life einstiger Gutsbesitzer. Doch nicht der Reminiszenzen an verblichene oder vom frischen Ostwind verwehte Barone wegen waren wir hergekommen – des „edlen Möringers" Spuren wollten wir finden. Damit aber, so stellte sich bald heraus, hatten wir das bei weitem schwierigere Problem gewählt.

Als erste fragten wir eine Frau an der Bushaltestelle nach dem Weg. „Die Burg Morungen? Eine Burg? Da ist doch gar nichts mehr! Aber warten Sie mal; irgendwo in der Nähe soll da ganz früher mal was gestanden haben. Das muß da oben im Wald sein; aber den genauen Weg kann ich Ihnen nicht sagen." Das war nicht viel; aber vielleicht war die Frau auch nicht von hier. Etwas weiter oben im Dorf luden zwei Männer dicke Säcke auf einen Anhänger, der an einen im Standgas tuckernden Traktor gekuppelt war. Wir fragten wieder, ob sie uns sagen könnten, wie wir zur Burgruine kämen, wo dereinst der Minnesänger Heinrich von Morungen geboren wurde. Die Männer waren recht freundlich, besprachen sich, schienen aber auch dann noch nicht recht schlüssig, was wir wohl meinten mit der Stammburg des Ritters von Morungen. Dennoch wiesen sie uns einen Weg, wenn wir uns auf dem hielten, würden wir vielleicht das Gesuchte finden – nur sei dort kaum noch etwas zu sehen, was man als Burg bezeichnen könnte. Wenn jene Auskunft auch recht vage war, so schien sie dennoch auf die richtige Spur zu führen. Diese ist fast ganz verwischt, denn nachdem der Möringer seinen Besitz dem Leipziger Kloster vermacht hatte, versiegten die Quellen, und nirgends steht geschrieben, was aus seinem bescheidenen Stammhaus wurde. Wir schieden also mit Dank von den beiden Arbeitern und versuchten nun, uns mit Hilfe unserer Landkarte in den angegebenen Richtungen zu orientieren. Da diese aber kein Meßtischblatt, sondern nur eine ziemlich grob gegliederte Verkehrskarte ist, waren wir schon nach einigen Weggabelungen im Wald auf Glück und Gespür angewiesen, wollten wir unser Ziel doch noch erreichen. Nun gut, wir fanden es, wenngleich über der Suche mehr als zwei Stunden verstrichen. Wäre nicht der Ärger über fehlende Beschilderung gewesen und darüber, daß den kunst- und literaturbeflissenen Fachmenschen in W. die Geburtsstätte eines Wegbereiters deutscher Dichtung offenbar weniger bedeutet als irgendein beliebiges Thüringer Bauernhaus, in dem Goethe einmal auf der Durchreise ein Glas Milch trank, wären jene verdrießlichen Gedanken also nicht gewesen — die beiden Wanderstunden im Unterharz hätten zu den schönsten meiner Reise gehört. Hier überwiegt bei weitem noch der Laubwald, ähnlich dem, den ich Dir vom Kyffhäuser und den eichsfeldischen Höhen beschrieb, aber man spürt schon die Nähe des finsteren Harzes, denn hier und da stehen wie Vorboten knorrige Fichten und Kiefern im Buchen- und Eichenforst. Wenn ich mich auf einen vom Sturm gebrochenen Baum setzte, um zu ruhen oder ein paar Notizen zu machen, schlug sich Thomas in die Büsche, und ich konnte hören, wie er sich freute und wohltat, denn überall im Walde steht weitläufiges Gesträuch mit reifen Himbeeren. So streiften wir mal auf Wegen, mal querfeldein, den Trampelpfaden des Wildes folgend, durch den Wald und erwogen schon, unser Vorhaben für gescheitert anzusehen, als uns der Zufall zu einem Baum führte, an dem ein unscheinbares Schildchen uns die unmittelbare Nähe unseres

Wallfahrtszieles versprach. Bald darauf stiegen wir auf eine dicht bewaldete Kuppe, deren Hänge nach drei Seiten jäh abfallen. – Hier also stand die Wiege des Sängers, von dem eine Spielmannsballade berichtet, er sei als mutiger Ritter ins Morgenland gezogen, indes seine Liebste, die ihm treuliches Warten versprochen, jene Schwüre vergaß und daheim mit einem anderen zum Altar ging. Den Text dieser Ballade „Vom edlen Möringer" aufzutreiben bedarf's übrigens nämlicher Mühe wie dazu, seine einstige Burg zu finden. Von ihr ist in der Tat kaum noch etwas zu sehen. Wiese nicht ein bescheidenes Schild darauf hin, auf welchem Boden man sich befindet, man würde sich kaum weitere Gedanken bei der Begegnung mit den verwachsenen Mauerresten und Wallgräben machen.

Mag sein, daß, als die Burg noch stand, sich im Tale weite Wiesen erstreckten – mag sein, daß junges Volk in den Wiesen sang und tanzte – und es mag auch sein, daß jener junge Edelmann unter den Tänzern war, der später bei Hofe den Edelfrauen folgendes Lied davon sang:

Ich hort uf der heide
lute stimme und süezen klanc.
da von wart ich beide
fröiden rich und trurens kranc.
nach der min gedanc sere ranc unde swanc,
die vant ich ze tanze da si sanc.
ane leide ich do spranc.

Ich hörte auf der Heide
Laute Stimmen, süßen Klang.
Davon ward ich beides
Freudenreich und frei von Bang.
Nach der sich meine Gedanken immerfort ranken
Die fand ich im Tanze dort bei Gesang.
Frei von Leiden ich da sprang.

Laß mich hier schließen, lieber R., wir haben noch einen weiten Heimweg vor uns. Morgen wollen wir die Heimkehle besuchen, was möglicherweise unser letzter Ausflug sein wird, denn meine finanzielle Bewegungsfreiheit ist schon in erheblichem Maße eingeschränkt. Falls sich dennoch die Notwendigkeit einer weiteren Unternehmung in hiesiger Gegend ergeben sollte, werde ich Dich per Telegramm anpumpen. Harre also in gefaßter Haltung meiner nächsten Depesche und tröste Dich bis dahin mit herzlichen Grüßen von

N.

Sangerhausen, 16. 7. 1977

Heute gegen Morgen tobte das langersehnte Gewitter über den Plan und befreite die „Gulden Awe" endlich aus dem Würgegriff der Dürre – seitdem regnet es, obwohl jetzt schon wieder Abend ist. Thomas schläft längst den Schlaf des Gerechten, während ich nun meine letzten Zeilen aus Nordthüringen für Dich zu Papier bringe. Jawohl, mein Freund, dies werden meine letzten Wanderimpressionen sein – morgen heißt es scheiden. Du indessen kannst den widerwillig beiseitegelegten Hilfsfonds wieder zur Bank bringen und die Erleichterung darüber genießen, daß er nicht in Anspruch genommen wurde.

Ohne uns vom Regen verdrießen zu lassen, führten wir heute noch unser Vorhaben aus, die *Heimkehle* zu besuchen. Auf Grund der veränderten Wetterlage konnten wir die zirka dreißig Kilometer dorthin freilich nicht auf Schusters Rappen reiten. Wir fuhren deshalb mit dem Bus bis nach Berga und gingen erst von dort aus zu Fuß weiter. Auch in Berga regnete es, doch darauf waren wir vorbereitet; wir hatten Regenmäntel im Gepäck. Was uns fehlte, nämlich Erfahrung mit solchen Kunststoffumhängen, haben wir jetzt. Es sind üble. Nicht, daß jene Mäntel undicht wären, nein! Nur wäre es wünschenswert, daß man beim Kauf einer solchen Kunststoffhaut auch gleich ein Krinolinengestell mitgeliefert bekommt, denn alles Wasser, das sie von Kopf und Oberkörper abhalten, ergießt sich wie aus den Fallrohren einer Dachrinne auf Füße, Unterschenkel und Knie. Da ist immer noch gut dran, wer in solchem Falle Shorts trägt, denn bei ihm entfällt wenigstens die unangenehme Dochtwirkung der Hosenbeine. Nun gut, da es trotz Regens nicht kalt war, fügten wir uns also der Tücke unserer Mäntel und darein, einer ungewollten gründlichen Beinwaschung unterzogen zu werden, und stapften unverdrossen gen Norden, den von Regenschleiern verhangenen Bergen des Harzes entgegen. Zur Rechten begleiteten uns die holprigen Geleise der Bimmelbahn von Berga nach dem nahen Ferienzentrum Stolberg. Linker Hand kam uns ein Bach entgegen, dessen erdfarbenes Wasser von heftigen Regenfällen im Gebirge kündete. Er trägt die Erde des Harzes hinunter in die Aue und mündet bei Kelbra in die Helme. Wo rechts eine Straße nach Uftrungen abzweigt, verließen wir die Chaussee und wanderten auf einem befestigten Feldweg weiter. Dieser schwenkte bald nach links ein und führte hinüber zu einem langgestreckten Berg, in dessen Innerem jene Höhlen verborgen sind, die schon die hier ansässigen Menschen des vierzehnten Jahrhunderts gekannt haben sollen. Als wir anlangten, waren außer uns keine weiteren Besucher da, was uns sogleich befürchten ließ, vergebens hergekommen zu sein, denn ein Schild an der Kasse bestimmte: „Führungen erst ab zehn Personen." Da aber Licht hinter den Vorhängen des Kassenfensters zu sehen war, entschieden wir uns zunächst für geduldiges Warten. Auch hatte es inzwischen zu regnen aufgehört, was hoffen ließ, daß außer uns bald weitere Neugierige den Weg hierher suchen und finden würden. Dies geschah dann auch prompt, und so verging kaum mehr als eine halbe Stunde, bis die für eine Führung ausbedungene Besucherzahl beisammen war. Nach Entrichtung des Besichtigungsobolus wurden wir erst in einen Raum neben der Kasse gebeten, wo eine kleine Ausstellung eingerichtet ist, die anhand von Bild- und Texttafeln die wichtigsten Auskünfte über die Höhle gibt. Nach kurzer Zeit kam ein junger Mann, begrüßte uns und bat, ihm zu folgen, er würde nun mit der Führung beginnen. Durch einen langen ausgemauerten Stollen, in dem uns die Kälte des Berges empfindlich frösteln machte, wurden wir hineingeführt in die größten Gipssteinhöhlen Europas. Am Ende des Stollens empfing uns ein Anblick von unerwarteter Größe, und ich befürchte, lieber R., ich werde ihn Dir mit Worten kaum annäherungsweise vermitteln können.

Die Höhlen der Heimkehle sind von solcher Imposanz, daß sie ihre weitaus berühmteren Gevatterinnen am Kyffhäuser tief in den Schatten stellen. Was die Natur hier vor Jahrmillionen in ihrem Wechselspiel von Notwendigkeit und Zufall geschaffen hat, wirkt auf den Beschauer mit großer Wucht und nachhaltig. Das stete Ungestüm urzeitlicher Gewässer hat sich hier zügellos ergangen und Dome, Hallen und Grotten in das schwefelsaure Kalkgestein der südlichen Harzausläufer gespült. Man ist überwältigt, wenn der Höhlenführer die Scheinwerfer einschaltet und sich plötzlich dreißig, vierzig Meter hohe Kuppeln aus dem Dunkel über einem wölben. An den Klüften und Graten der Wände und Decken werden die Lichtstrahlen bald gebrochen, bald, wo sie auf feuchtes Gestein treffen, reflektiert, und es entstehen Schatten und Lichter, wie man sie sich als Kind vorstellte, als man mit hocherregter Phantasie dem Großvater lauschte, wenn er das Märchen vom Berggeist erzählte. Wenn der rotbärtige Hohenstaufe, wie die Sage wissen will, tatsächlich in hiesiger Gegend seiner Rückberufung harrt, dann ist die Heimkehle allemal eine angemessenere

Kaiserresidenz denn die vergleichsweise bescheidene Barbarossahöhle. Wagner hat diese Höhlen bestimmt nicht gekannt, sonst hätte er wohl kaum die bizarr-kunstgewerblichen Feengrotten für eine seiner „Ring"-Bühnenausstattungen zum Vorbild genommen.

Das Erlebnis war zu eindrucksvoll, als daß ich mir Zahlen gemerkt hätte; es wäre auch wenig erfolgversprechend, Dir mit nüchternen Daten die einmalige Schönheit im Inneren des Berges beschreiben zu wollen. Nennte ich Dir die Oberflächenmaße und die Tiefe der Höhlenseen, du bekämest dennoch keine Vorstellung von der kristallenen Klarheit ihrer Wasser, von der unendlichen Ruhe ihres Spiegels. Du wüßtest nichts vom erhabenen Anblick eines riesigen Felsblockes, wenn ich Dir schriebe, wieviel er wiegt und wie hoch er über dem schmalen Höhlenpfad zwischen zwei Wänden eingekeilt ist. Dies alles muß man einfach gesehen haben. – Mit eignen Augen muß man es geschaut haben, auch, um sich vorstellen zu können, wie ungleich schöner die Höhlen noch vor fünfunddreißig Jahren gewesen sein müssen, bevor die sattsam bekannten Welteroberer in der Heimkehle einen unterirdischen Rüstungsbetrieb einrichteten; bevor sie Hunderte Quadratmeter jahrmillionenalter Höhlenseen zubetonierten, um Maschinen zur Herstellung von Flugzeugteilen aufstellen zu können. Nach dem Krieg wurden auf Alliiertenbeschluß alle deutschen Rüstungsbetriebe zerstört – auch der in der Heimkehle. Mehrere Tonnen Dynamit übten in wenigen Sekunden Rache an einem Naturdenkmal, dessen einzige Schuld es war, ausgerechnet in Deutschland zu stehen.

Als wir die Höhlen wieder verlassen hatten, wurde uns doch ziemlich kalt, und auch unsere nassen Schuhe und Beinkleider geboten, uns möglichst rasch nach Hause zu verfügen. Obwohl es abermals zu regnen begonnen hatte, mußten wir also über die Felder nach Rottleberode, das am

Rande von großen Gipssteinbrüchen liegt und eine Bahnverbindung nach Berga hat. Bei gutem Wetter hätten wir gewiß noch einen Abstecher nach dem nahen Stolberg gemacht; so aber eilten wir frierend zum Bahnhof, brauchten dort zum Glück nicht lange auf einen Zug zu warten und waren schon bald wieder in Berga, wo wir bis zur Abfahrt des Anschlußzuges nach Sangerhausen genügend Zeit hatten, uns in der Bahnhofswirtschaft aufzuwärmen und unsere nassen Sachen leidlich zu trocknen. Es war Nachmittag, als wir wieder in Sangerhausen ankamen und mangels Lust auf weitere Unternehmungen uns sogleich ins Quartier begaben. Dieses ist bis morgen bezahlt; gegen elf am Vormittag werden wir die Goldene Aue verlassen haben.

Finis, lieber R.! Meine Füße schmerzen – hoffentlich mußt Du, nachdem Du meine Briefe gelesen, nicht gleiches von Deinem Kopfe sagen. Falls Du aber, was ich zu hoffen wage, durch meine Briefe der Reise ein wenig teilhaftig wurdest, will ich es mir zum Vergnügen machen, mich, wenn wir uns wiedersehn, von Dir nach näheren Umständen und Einzelheiten ausfragen zu lassen. Aber auch danach kannst Du mich fragen, ob es denn nun auch *mir* klargeworden sei, daß man heute nicht mehr lustig und unbeschwert in die Welt ziehen könne, wie weiland jener „Taugenichts", der, kaum, daß er die letzten Häuser seines Dorfes hinter sich gelassen, seine Fiedel nahm und jenes Liedchen sang, das heute bloß noch pensionierte Deutschlehrer kennen:

Wem Gott will rechte Gunst erweisen
Den schickt er in die weite Welt
Dem will er seine Wunder weisen
In Berg und Wald und Strom und Feld.

Ich werde Dir antworten: O doch, man kann! Und man wird dabei von den Menschen am Wege mitnichten immer als exotischer Außenseiter angesehen, wenn man als weite Welt auch die unbekannten Gefilde der eigenen Heimat betrachtet. Jene freilich, die allsommerlich Stammgäste in den Bars von Nessebar und Sotschi sind, haben nur ein mitleidiges Lächeln übrig für einen, dem es noch Abenteuer, Lust und Erbauung bedeutet, immer gerade bis dorthin zu wandern, wohin von einem Berg herab sein Blick noch reicht. Sicherlich ist es schön, fremde Länder zu sehen – welcher Mensch träumt nicht davon? –, doch arm dünkt mich der, der sich schon im Januar um die attraktivsten Angebote des Reisebüros bewirbt und nicht weiß, daß in einem Landschaftsschutzgebiet, zwanzig Kilometer von seinem Heimatort entfernt, seltene Orchideen wachsen. – Doch darüber, mein Freund, ließe sich wohl einige Stunden reden, ohne daß Langeweile aufkäme. Wenn Du möchtest, werden wir hierzu bald Gelegenheit haben.

In diesem, wie in manch anderem Sinne

Dein Freund N.